世界历史五千年

SHIJIE LISHI
WUQIANNIAN

下

彭凡 编著

全国百佳图书出版单位
化学工业出版社
·北 京·

图书在版编目（CIP）数据

世界历史五千年.下 / 彭凡编著. —北京：化学工业出版社，2019.1
ISBN 978-7-122-33283-7

Ⅰ. ①世… Ⅱ. ①彭… Ⅲ. ①世界史-儿童读物 Ⅳ. ①K109

中国版本图书馆CIP数据核字（2018）第258357号

SHIJIE LISHI WUQIANNIAN（XIA）

世界历史五千年（下）

责任编辑：隋权玲　　美术编辑：尹琳琳
责任校对：王素芹

出版发行：化学工业出版社（北京市东城区青年湖南街13号　邮政编码100011）
印　　装：河北画中画印刷科技有限公司
710mm×1000mm　1/16　印张12½　2019年10月北京第1版第1次印刷

购书咨询：010-64518888　　售后服务：010-64518899
网　　址：http://www.cip.com.cn
凡购买本书，如有缺损质量问题，本社销售中心负责调换。

定　　价：39.80元

目录 | MU LU

导读 | DAO DU

是的，这是写给孩子的世界历史书。

也许有人会问：为什么要读历史书呢？而且还是读那么遥远的世界历史？

很简单，因为历史从来不是孤立的，世界一直都是彼此联系的。

比如，讲中国历史，必然会讲到丝绸之路，丝绸之路的起点是中国古代都城长安，终点是哪里？有人说是西域，那到了西域，这条路就终止了吗？没有，沿着这条路走下去，是中东，是地中海，甚至是遥远的西欧。

还有，鸦片战争，我们知道，中方的失败是因为清政府腐败无能武器落后，那侵略者为什么会船坚炮利呢？那就必须去了解、去研究欧洲的工业革命。

所以，读历史，只读中国史，是远远不够的，还需要了解整个世界，了解世界史。就像一张棋盘，中国史是其中的一部分，世界历史则是整个棋局。一个好的棋手，不能只谋一域，而应统谋全局。

和音乐、文学、绘画，和所有美好的事物一样，历史也是一粒宝贵的种子，只要种下去，就会生根，会发芽，会开出美丽的花朵。

想一想，如果有一天，你长大了，去到遥远的希腊，望着美丽的爱琴海，你一定会想起伟大的雅典，想起苏格拉底、柏拉图等西方先哲，以及奥林匹亚山上有关众神的神奇传说……

在那一刻，你的心中，一定能感到充盈和幸福！这，就是历史带给我们的美好。

雕塑大师
米开朗基罗

DIAO SU DA SHI MI KAI LANG JI LUO

开始讲故事啦

很小的时候，他就喜欢拿着锤子、凿子敲敲打打。
长大后，他独自来到罗马闯荡，
他创作的《哀悼基督》一问世，就引来世人惊叹，
很多人不相信这是一位23岁小伙子的作品，
没办法，他只得在这件作品上署上了自己的名字—— 米开朗基罗。

这位文艺复兴时期的艺术大师，
不但精通雕塑，还是一位杰出的画家，
西斯廷教堂著名的壁画《创世纪》就是他的手笔。
在他的一生中，艺术杰作如井喷一样，一件接一件……
享年89岁的他，也是世界上最长寿的艺术大师之一。

米开朗基罗在干吗？
在弄他的雕塑哟！

米开朗基罗在干吗？
在弄他的壁画哟！
许多年过去了……

呜呜呜——这些年光忙着工作，都忘记找媳妇了，现在还打着光棍呢！
很多年过去了……

热爱艺术的小男孩

现在，我们乘坐历史的航船，来到了文艺复兴时代。这一时期，真是群星闪耀、大师辈出啊！前面，我们已经讲过了大诗人但丁、大艺术家达·芬奇的故事，下面再给大家介绍一位艺术巨匠，他就是世界艺术史上著名的雕塑家——米开朗基罗。

1475年，米开朗基罗出生在意大利佛罗伦萨附近的卡普莱斯。他的爸爸是一名官员，收入不错。按说，有个有钱的老爸，他的童年应该很幸福。但是，很不幸，在他6岁的时候，他的妈妈去世了，由于老爸要到佛罗伦萨工作，年幼的米开朗基罗便被寄养在乡下一个石匠的家里。

石匠家里很穷，小米开朗基罗的“玩具”就是那些锤子和凿子。于是，他经常拿着这些“玩具”跑来跑去，敲敲这儿，凿凿那儿。时间长了，邻居们都亲切地喊他“小石匠”。成名后的米开朗基罗曾开玩笑地对人们说：“也许，我现在成为一名雕塑家，还要感谢小时候在石匠家里的那段生活呢！”

后来，爸爸把米开朗基罗从石匠家接了出来，送他到学校学习意大利文和拉丁文，希望他能有个好前程。可是，米开朗基罗学习成绩很差，他一点儿也不喜欢读书，这个热爱艺术的小男孩，只喜欢低头画画。

不过，你还别说，米开朗基罗在这方面很有天赋，他的画画得很不错。有一次，他和几个同学一起欣赏老师画的一幅妇女肖像画，结果，米开朗基罗忍不住拿起笔，在老师的画上添了几笔。老师一看，暗暗吃惊，因为他觉得米开朗基罗添加的这几笔非常棒，简直可以说是画龙点睛。可是，这位老师也因此心生妒忌，把米开朗基罗赶出了他的画室。

米开朗基罗不但在学校里不停地画画，回到家里也闲不下来。家里的桌椅、柜子、墙壁……全都成了他的“画板”，各种各样的图案画得到处都是。为此，他没少挨老爸的责骂。

雕塑和绘画属于相近的艺术门类，后来，米开朗基罗对雕塑也产生了浓厚的兴趣。当时佛罗伦萨有一个非常有钱的美第奇家族，这个家族创办了一所艺术学校，收藏了很多珍贵的雕塑作品。

于是，米开朗基罗满怀热情地进入了这个学校，开始学习和临摹那些大师的艺术作品。从此，他对雕塑的热爱一发不可收。当时，连美第奇家族的主人洛伦佐·美第奇，也对年仅十几岁的米开朗基罗非常欣赏，认为他将来一定可以成为一名伟大的雕塑家。

唯一的署名作品

在米开朗基罗17岁那年，美第奇家族的主人洛伦佐·美第奇去世了。洛伦佐的儿子和老爸不同，他不觉得米开朗基罗有什么特殊的才华，对他很轻视。

又过了几年，有一天，佛罗伦萨的天空飘起了鹅毛大雪。雪停之后，洛伦佐的儿子对米开朗基罗说："喂，小子，你不是搞雕塑的吗？去花园里堆一个雪人吧！"

米开朗基罗听后，感觉自己受到了巨大的侮辱，于是，他离开了美第奇家族的艺术学校，只身来到罗马闯荡。

这时候的米开朗基罗已经是个二十出头的小伙子了，正是青春年少、意气风发的年纪。来到罗马后，为了证明自己的艺术才华，他很快雕刻了《酒神巴库斯》等一批雕塑，得到了大家的称赞。

不过，米升朗基罗并不满足，他还想创造更加无与伦比的艺术品。巧得很，这时，有一位法国红衣主教找到米开朗基罗，请他为圣彼得大教堂雕刻一座名为《哀悼基督》的雕塑。

米开朗基罗全身心地投入到了创作中。不久之后，雕塑问世了。这件作品就已表现出他很高的艺术造诣。在这件作品中，死去的基督安卧

在母亲的膝上，圣母俯视着儿子，神情中充满了忧思与爱怜。

在这件作品中，米开朗基罗打破常规，他把耶稣的母亲雕刻成了一个青春女性的形象，看起来端庄、娴静、优美，充满母性的光辉，让人觉得这分明就是一个有血有肉、充满生命力的普通人。这件作品表达了对人性的赞美，对生命的热爱，强烈地传达出了文艺复兴的时代精神——以人为本，以人为中心。

《哀悼基督》一问世，就好评不断。当人们听说，这件美轮美奂的艺术品的作者是一位年仅23岁的毛头小伙子时，都惊讶得不敢相信。

为了让大家相信这真的是自己的作品，米开朗基罗在圣母玛利亚的衣带上刻上了自己的名字，这是米开朗基罗一生中唯一的署名作品。

杰作像井喷，一件接一件

《哀悼基督》问世后，米开朗基罗带着巨大的荣誉，回到了故乡佛罗伦萨。这可真是衣锦还乡呀！

1501年，米开朗基罗突然“消失”了，人们很久都听不到他的消息。原来，米开朗基罗正在家乡“闭关修炼”。几乎每一天，他的家中都会传出“叮叮当当”的声音，谁也不知道他在做什么。

4年之后，米开朗基罗推出了自己的新作品——《大卫》。大卫是圣经故事中犹太人的民族英雄。这尊雕塑，刻画了一个即将出征的美少年形象，他全身赤裸，每一块肌肉、每一条血管都清晰可见，展现了人类健美的体魄和昂扬的斗志。

《大卫》是米开朗基罗的又一件杰作，今天，它依然保存在意大利的佛罗伦萨。如果将来你有机会去佛罗伦萨旅游，一定要去看看这尊伟大的艺术品哟！

此时的米开朗基罗，就像一颗冉冉升起的艺术新星，得到了无数的鲜花和掌声。俗话说，人怕出名猪怕壮，随着米开朗基罗的名气越来越大，一些阴险的小人对他产生了妒忌之心。

这时，罗马的西斯廷教堂要找人创作天顶画，有人便趁机向罗马教皇进言道：“既然米开朗基罗是优秀的艺术家，那西斯廷教堂的天顶画就请他来画呗！”

大家想想，米开朗基罗是一名雕塑家，画画并不是他最擅长的，这不是明摆着刁难人嘛！最后，米开朗基罗只得接受了这项工作。

米开朗基罗是个倔强的艺术家。他一直都认为，任何事情，不做便罢，要做就要做到最好！于是，他静下心来，排除一切杂念，开始在八百多平方米的教堂天花板上画起画来。

这一画，就是4年。在这4年里，他每天都要爬着梯子登上脚手架，仰面朝天地在天顶上作画。当这幅巨作完成时，年仅37岁的米开朗基罗，已经被艰苦繁重的工作折磨得像个小老头了。

这幅壁画，取材于圣经故事，名为《创世纪》，讲述了上帝创造

天地、亚当夏娃受罚、诺亚方舟和大洪水等故事。画面上有三百多个人物，个个栩栩如生，充满着雕塑般的力量。

《创世纪》一问世，便轰动了整个意大利，这幅画作也被誉为世界美术史上最伟大的作品之一。那些想让米开朗基罗出丑的人万万没想到，身为一个雕塑家，米开朗基罗竟然画出了如此震撼人心的作品。

1516年，米开朗基罗又创作出了另一件伟大的作品——《摩西》。据说，这件作品完成后，连米开朗基罗自己都被惊呆了。他觉得“摩西”简直太逼真了，仿佛马上就会活了一样，以至于他忍不住拿木槌敲了一下“摩西”的膝盖，说：“好了，你站起来吧！”《摩西》一直保存完好，直到今天还会引来无数游客观赏。有时，当游客们观赏这尊雕塑时，导游还会指着“摩西”的膝盖说：“看，这就是当年米开朗基罗用木槌敲打留下的痕迹。”

1564年，米开朗基罗去世了，享年89岁。他一生未婚，把所有的时间和精力都奉献给了艺术创作。他是文艺复兴时期最伟大的艺术家之一，被后人永远铭记。

第2期

“画圣”拉斐尔

HUA SHENG LA FEI ER

开始讲故事啦

拉斐尔是文艺复兴时期的又一位大师，
他和达·芬奇、米开朗基罗齐名，
三人被称为“文艺复兴美术三杰”。
少年时代，拉斐尔师从著名画家佩鲁吉诺，
很快，他的绘画水平就超过了老师。

后来，拉斐尔来到了文艺复兴的中心——佛罗伦萨，
那里群英荟萃，到处吹动着时代的新风。
在佛罗伦萨的日子里，
拉斐尔潜心学画，博采众长，终于一举成名。
拉斐尔很谦虚，他虽然和米开朗基罗交情一般，
却很敬重这位艺术大师。
拉斐尔虽然只活了37岁，
却留下了将近三百件艺术珍品，被后人尊为“画圣”。

那三个人是谁呀？
让我想想……

三个火枪手？
好像不是啊……

三个臭皮匠？
好像也不是啊……

想起来了，他们是“文艺复兴美术三杰”！
对啦，对啦，这回你好像说对啦！

天才少年把老师比了下去

1483年，在意大利中部的乌尔比诺城，一个小男孩呱呱坠地。小男孩的爸爸是一个宫廷画师，在此之前，他曾经有过两个孩子，可是都不幸夭折了。所以，对于这个新降生的小宝宝，宫廷画师和他的妻子都倍加珍惜，那真是捧在手里怕摔了，含在嘴里怕化了。宫廷画师给他的小宝宝取了一个吉祥的名字，叫拉斐尔。拉斐尔，在意大利语中，是天使的意思。

大家可千万别小看这个宝宝，他日后可是历史上鼎鼎大名的艺术大师，人们会把他和达·芬奇、米开朗基罗相提并论，称他们为“文艺复兴美术三杰”。好了，今天，我们就来给大家讲讲拉斐尔的故事。

由于爸爸是一位画师，所以受家庭熏陶，拉斐尔从小就对绘画产生了浓厚的兴趣。从刚刚懂事开始，他就学着爸爸的样子，拿起画笔，蘸上颜料，在画布上歪歪扭扭地画个不停。看到儿子这么喜欢画画，爸爸心里别提多高兴了。

可是，不幸的是，在拉斐尔9岁那年，他的妈妈去世了。紧接着，在他11岁那年，噩耗再次传来，他的爸爸也不幸去世了。拉斐尔小小年纪就成了一名孤儿，真是太可怜了。不过还好，乌尔比诺的大公夫人是一个好心人，她见拉斐尔既聪明又可爱，就收养了他。

一转眼，拉斐尔17岁了，长成了一个文雅英俊的美少年。他来到了著名画家佩鲁吉诺的画室，开始向名师学习绘画。

在画室学习期间，拉斐尔非常勤奋，同时，他的天赋也非常高，所以，老师佩鲁吉诺非常欣赏这个学生，他经常对别人说："拉斐尔真是个天才，他将来一定前途无量！"

通过不断的学习，拉斐尔的绘画技巧越来越高超。他经常模仿老师的作品，后来，他的习作已经和老师不相上下。有时候，人们来到佩鲁吉诺的工作室，经常会把拉斐尔的画作当作佩鲁吉诺的作品。

21岁时，拉斐尔创作了一幅名为《圣母的婚礼》的作品。在这幅作品中，拉斐尔在构图、色彩、形象描绘等方面，都表现出了高超的绘画水平，连他的老师都自愧不如了。就这样，不知不觉中，拉斐尔超越了他的老师，向更高的艺术巅峰迈进。

面貌一新的圣母像

21岁那年，拉斐尔来到了佛罗伦萨。你可能还记得，讲达·芬奇时，我们谈到了佛罗伦萨；讲米开朗基罗时，我们也谈到了佛罗伦萨。你可能会觉得奇怪——咦，怎么他们都和佛罗伦萨这座城市这么有缘啊？

大家别觉得奇怪，佛罗伦萨确实无愧于“艺术之都”的称号，在当时，它是文艺复兴的中心，那里充满了人文主义气息，人人都热爱艺术，很多伟大的艺术家都聚集在那里。当拉斐尔来到佛罗伦萨时，米开朗基罗的《大卫》已经摆放在市政厅的广场上了，达·芬奇的《蒙娜丽莎》也马上就要问世了。大家想想，那么多

无与伦比的艺术家，那么多美轮美奂的艺术品，那是一个多么激动人心的年代啊！

在佛罗伦萨，拉斐尔受到了很大的震动，他强烈地感受到了时代的精神，他呼吸到的每一口空气，仿佛都是清新的。拉斐尔决心向那个时代最伟大的艺术家学习。他沉下心来，仔细揣摩达·芬奇的透视构图法，认真研究米开朗基罗的人体表现风格……

渐渐地，拉斐尔吸取各家之长，形成了自己独特的艺术风格。在佛罗伦萨期间，他创作出了一大批以圣母为主题的画作，为自己赢得了极高的声望。

圣母玛利亚的画像，一直是画家们喜爱的题材。在拉斐尔之前，由于基督教神学的影响，圣母往往被画成一个受苦受难的形象。但是，在拉斐尔的笔下，圣母玛利亚面貌一新，她不再是纯粹的宗教人物，而是变成了一位年

轻、优美、端庄、丰腴、健康的女性，眉宇间充满了青春的活力。拉斐尔这样画，正是借圣母之名，来歌颂普通女性的美丽，传达人文主义的精神。

可以这样说，在绘画上，也许原来的拉斐尔还只能算一个“学徒工”，但是从佛罗伦萨时期开始，他独立了，成熟了，真正成为了一位出色的艺术家。

《雅典学派》里的小秘密

拉斐尔成名了，他受到了很多人的追捧，就连堂堂的罗马教皇，也非常喜爱他。后来，他接受了教皇的邀请，为梵蒂冈的宫殿绘制壁画。

这个时候，恰巧米开朗基罗也在罗马。米开朗基罗比拉斐尔大了好几岁，是拉斐尔的前辈。不过，由于米开朗基罗的性格有些孤傲，喜欢独来独往，所以，他和拉斐尔并没有什么交情。那时，米开朗基罗正在西斯廷教堂的拱顶上创作他那惊人的杰作——《创世纪》。每天收工后，他都会把拱顶上的画面遮蔽起来，不愿让任何人提前观看。

但是，拉斐尔很好奇，他特别想看一看米开朗基罗的新作品。于是，在一天晚上，他和朋友一起来到教堂，偷偷观看了还没有完工的《创世纪》。在看到那幅杰作的一刹那，拉斐尔惊呆了，他不禁赞叹道："米开朗基罗真是绝无仅有的天才啊，这样的画只有他才能画出来！"

可是，这件事很快就被米开朗基罗知道了，他很生气，从此和拉斐尔的关系闹得更僵了。

不过，虽然拉斐尔和米开朗基罗没什么私交，但是，在艺术上，拉斐尔却对米开朗基罗非常尊重。他从米开朗基罗的画中学到了很多，在那之后，他刻苦钻研，潜心创作，终于创作出了举世瞩目的不朽之作——《雅典学派》。

《雅典学派》描绘的是古希腊柏拉图学园中的景象：很多著名的古希腊思想家会聚一堂，他们有的坐着，有的站着，有的在独自思考，有的在和同伴讨论着什么，而画面的中心部位，众星捧月一般，站着两位古希腊最杰出的哲学家——柏拉图和亚里士多德。拉斐尔这部作品的寓意非常明显——赞扬人类对智慧和真理的追求，鼓励人们摆脱愚昧，追求新知。

很明显，这幅画的创作受到了米开朗基罗的影响。很多人都认为，拉斐尔正是偷偷观看了米开朗基罗的《创世纪》，才受到启发，创作出如此宏大的人物群像。但是，与此同时，拉斐尔又融入了自己的风格，让这些人物显得细腻、柔和，焕发出别样的艺术光彩。

有趣的是，在《雅典学派》中，有这样一个小秘密——柏拉图这个人物形象，是拉斐尔以达·芬奇为原型创作的，而著名的古希腊哲学家赫拉克利特的原型，正是米开朗基罗。由此可见，拉斐尔是多么崇拜这两位和他同时代的艺术家呀！

此后，拉斐尔孜孜不倦，不停地进行艺术创作。他还有一幅非常著名的作品，名为《西斯廷圣母》，那也是美术史上独一无二的佳作。

可惜的是，天妒英才，由于长期劳心创作，拉斐尔在37岁那年得了重病，很快就去世了。拉斐尔是一位多产的大师，在他短短的一生中，创作了将近三百幅优秀的作品，把文艺复兴运动推向了新的高峰，他被后人誉为“画圣”。

第3期

“携手”离去的文学大师

XIE SHOU LI QU DE WEN XUE DA SHI

开始讲故事啦

文艺复兴时期的欧洲，
有两位巨星级的文学大师，
一位是塞万提斯，一位是莎士比亚。
他们早年都经历了很多磨难。
塞万提斯穷困潦倒，还曾经进过监狱；
莎士比亚也好不到哪里去，曾经只是个小马倌。

但是，他们都从未磨灭过心中的理想，
都在一直默默努力着，后来——
塞万提斯写出了流芳百世的《堂吉诃德》，
莎士比亚也写出了许多经典绝伦的戏剧作品。
巧合的是，他们两人都在1616年4月23日去世了；
更巧的是，在他们去世后不久，
中国明代的大文学家汤显祖也在这一年去世了。
文学史上，好神奇的公元1616年啊！

魔镜魔镜，世界上最伟大的作家是谁？
当然是你咯，塞万提斯！
魔镜魔镜，世界上最伟大的作家是谁？
当然是你咯，莎士比亚！
世界上最伟大的作家到底是谁？
你们两个都是呀！
世界上最伟大的作家到底是谁？

塞万提斯的落魄生活

我们已经知道，但丁、达·芬奇、米开朗基罗和拉斐尔等人都是意大利人，这并不奇怪，因为文艺复兴运动首先是从意大利兴起的。紧接着，文艺复兴的思潮就像种子一样，逐渐播撒到整个欧洲，呈现出遍地开花的景象。现在，让我们离开意大利，去欧洲其他地方走一遭，看看那些地方又出现了哪些大师巨匠，又发生了哪些动人的故事。

首先，让我们来到西班牙。1547年，在西班牙一个没落贵族家里，诞生了一位大名鼎鼎的伟大作家，他就是塞万提斯。

小时候，塞万提斯的家境非常糟糕，全家都靠爸爸给人看病卖药维持生活。后来，爸爸因为欠了别人一大笔钱，被关进了监狱。塞万提斯只好和两个姐姐一起生活，在饥饿和泪水中受尽了煎熬。

家里这么穷，自然没钱供塞万提斯读书。他上了几年学后，就不得不辍学了。但是，人穷志不短，塞万提斯非常热爱学习，他经常借书来读，如饥似渴地吸收着各种知识，有时，看见地上有一张带字的纸片，他也会捡起来认真阅读。

长大后，塞万提斯参军入伍，成为一名军人，跟随西班牙军队驻扎在意大利。在一次海战中，塞万提斯奋不顾身，英勇作战，虽然最后打了个大胜仗，他却不幸受伤，失去了左手。

由于作战表现勇敢，塞万提斯获得了一枚军功章和一些奖金，并获准返回家乡探亲。可是，在回家的路上，他又遭遇了海盗，弄得身无分文，还被卖为奴。后来，在多方营救下，在外漂泊了十余年的塞万提斯，才最终回到了祖国的怀抱。

回到家乡后，作为一名伤残退伍老兵，塞万提斯的生活依然很困苦。这时，他拿起了手中的笔，开始写作一些戏剧。但是，他的作品并没有得到很多人的欣赏，稿费很微薄，根本无法维持生活。不得已，塞万提斯只得又换工作，去给人家当记账先生。

可是，直到这个时候，塞万提斯的厄运还远远没有结束。有一次，他不小心算错了账，法官一纸判决书，把他关进了监狱。

你们可能要说了，塞万提斯真是个倒霉蛋，他小时候家里穷，长大参军又落下了残疾，回家路上被劫持，漂泊回国后又被关进了监狱……是啊，塞万提斯是够倒霉的，但是，“天将降大任于斯人也，必先苦其心志，劳其筋骨……”也许，这正是上天有意在考验塞万提斯吧。这世界上，有多少伟人都是经历过生活的苦难和磨砺，才取得了最后的成功呀！

在监狱中，孤独的塞万提斯并没有沉沦下去，他想起了一生中遇见的那些奇闻逸事，想起了三教九流的人物。从那时起，他开始酝酿一部小说，他要把浮生万物、人间百态、梦幻现实都写进去……

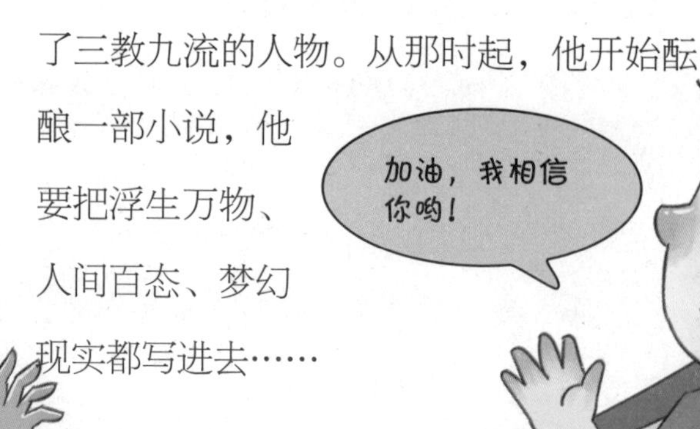

经过一段时间的苦熬后，塞万提斯终于出狱了。他并没有被困顿的生活打倒，他再次坚强地拿起笔来，开始写作自己那部酝酿已久的小说。这部小说，就是世界文学史上不朽的名著——《堂吉诃德》。

堂吉诃德是这部小说的主人公的名字。他是一个穷乡绅，酷爱骑士小说，甚至到了走火入魔的程度。最后，他决定像骑士那样，行侠仗义，闯荡天下。于是，他骑上一匹笨马，还找来邻居桑丘做自己的侍从，开始周游四方。但是，堂吉诃德是个“妄想狂”，他不顾现实，只是沉醉在自己的幻想中，一路上把风车当巨人、把旅店当城堡、把羊群当敌人，闹出了很多笑话。到了晚年，堂吉诃德才终于悔悟，可是一切都晚了……

塞万提斯的这部小说，塑造了几百个活灵活现的人物，俨然就是一幅15世纪的西班牙生活画卷。小说一出版，就获得了极大的成功，并且经久不衰。可以说，《堂吉诃德》是西班牙历史上最伟大的小说之一。塞万提斯通过自己的努力，终于跻身文学大师的行列，在世界历史中留下了自己光辉灿烂的名字。

公元1616年4月23日，塞万提斯在西班牙的马德里去世，结束了自己传奇的一生。

莎翁曾经是个小马倌

讲完了塞万提斯的故事，让我们马不停蹄地赶往英格兰。与塞万提斯同一时代，英国也诞生了一位超级伟大的文学巨匠，他就是戏剧之王——莎士比亚，这位文学家也被很多人尊称为莎翁。

1564年，莎士比亚出生在英国斯特拉特福的一个商人家庭。小时候，经常有剧团来到莎士比亚故乡的小镇上进行表演。从那时起，莎士比亚就对戏剧着了迷，他觉得戏剧神奇极了，经常会和小伙伴们一起，学着剧中的人物演起戏来。

14岁那年，莎士比亚的父亲经商失败，家里的光景一天不如一天。没办法，莎士比亚只能辍学，给父亲当起了助手。

长大后，莎士比亚跟随家乡的一个戏班子，来到了繁华的伦敦。大城市里虽然什么都有，可是想要在这里立足，找个能养家糊口的工作，也不是一件容易的事。最后，莎士比亚被一家剧院收留了，而他的工作，竟然和齐天大圣孙悟空是一样一样的——给人家养马……

不过，莎士比亚是个有心人，即使是养马这种卑微的工作，他也做得很出色。很多来剧院看戏的观众，都愿意把自己的马交给莎士比亚喂养。

苦难的生活，并没有磨灭莎士比亚心中的梦想。工作之余，他自学了文学和历史，还自修了希腊文和拉丁文。每当剧院里有演出的时候，莎士比亚总会在一旁静静地观看。机会是留给有准备的人的，此时的莎士比亚，正在静静地等待着命运和历史留给他的机会。

神奇的1616

在剧院待了一段时间后，莎士比亚这个聪明伶俐的小伙子受到了一些人的关注，从那时起，他获得了一些跑龙套的机会，经常充当临时演员，饰演一些小角色。后来，由于表现出色，他终于被剧院聘用为正式演员。

那时候，伦敦的剧院之间竞争十分激烈。为了吸引观众，剧院经常要上演新戏，非常需要好剧本。这样一来，莎士比亚出人头地的机会终于到来了。他更加努力地博览群书，了解英国的历史，并开始着手写作一些历史题材的剧本。

27岁那年，莎士比亚写出了历史剧《亨利七世》。剧目演出后，受到观众的追捧，一时间好评如潮。大家都惊呼——戏剧界的一颗新星冉冉升起了！

莎士比亚欢欣鼓舞，从此一发不可收拾，进入了自己创作的黄金时代。在莎士比亚的创作初期，他的作品主要以喜剧和历史剧为主，达到了非常高的艺术水准。后来，他又创作了一系列沉郁悲壮的悲剧作品，其中最负盛名的，就是他的四大悲剧——《奥赛罗》《哈姆雷特》《李尔王》《麦克白》。当然，莎士比亚的另一部悲剧也非常著名，那就是我们非常熟悉的《罗密欧与朱丽叶》。

对于莎士比亚这样的大人物，如何评论与赞美都是不过分的，他一直都被认为是英国历史上最伟大的文学家之一，也是世界历史上最杰出的文学家之一，甚至有人认为，莎士比亚的作品，是整个西方文艺界的“母亲”。

公元1616年4月23日，莎士比亚病逝于故乡斯特拉特福，人类历史上又一颗文学巨星陨落了。

讲到这里，你发现什么令人惊奇的事情了吗——咦，塞万提斯和莎士比亚这两位文学巨匠，竟然都是在1616年4月23日去世的！

确实，这真是太巧合了！两位大师同年同月同日去世，这也成了文学史上的一段佳话，很多人都开玩笑说，他们是同时代的两颗巨星，如果

其中一位离去了，那么另外一位一定会感到“高手的寂寞”，所以，他们一定是商量好的，要走一起走！

不过，我们如果把目光放远一些，去看看遥远的东方，会发现还有更巧的事！同样是1616年，在7月29日这一天，中国明代的戏曲家汤显祖去世了！汤显祖也是一位伟大的文学家，他的代表作品是著名的《牡丹亭》，有人把他称为“东方的莎士比亚”。于是，还有人开玩笑说，汤显祖看见塞万提斯和莎士比亚都走了，自己也觉得寂寞了，干脆，也走吧！

给大家讲这些巧合的事，可不是为了宣扬封建迷信宿命论哟！因为确实很好玩、很有趣，所以才和大家说道说道！公元1616年，在世界文学史上，真的是很神奇、很特别的一年呢！

第4期

“日心说”挑战“地心说”

RI XIN SHUO TIAO ZHAN DI XIN SHUO

开始讲故事啦

在波兰的托伦城，天文学家哥白尼出生了。
童年的哥白尼很不幸，早早就失去了双亲，
好心的舅舅收养了他，把他抚养成人。
舅舅是一位人文主义者，深受文艺复兴思潮的影响，
在他的影响下，哥白尼从小就对大自然产生了浓厚的兴趣。
长大后，哥白尼进入克拉科夫大学深造，
他最感兴趣的学科，就是天文学。

渐渐地，通过自己的研究、观测和思考，
哥白尼对当时流行的“地心说”产生了怀疑，
他大胆地作出了“日心说”的设想……
后来，哥白尼找到了工作，也收获了爱情，
他开始提起笔来，写作自己的名著《天体运行论》。
在这本书中，哥白尼宣扬了“日心说”，批判了“地心说”，
开启了一场天文学史上的思想风暴。

地球不是宇宙的中心！

地球是运动的，不是静止的！

太阳是宇宙的中心！

地球只是一颗普通的行星！

嘿嘿，这就是我的“日心说”——我是哥白尼，我为自己代言！

仰望星空的青年哥白尼

在前面的章节中，我们陆续讲到了一大批文化艺术大师，想必大家一定都读得心潮澎湃、心向往之了吧！不过，在文艺复兴时期，不光是文学艺术方面群星闪耀，在自然科学领域中，也涌现出了很多大师巨匠，他们通过自己的努力，在科学领域取得了前所未有的新发现。今天，我们就来给大家讲讲著名天文学家哥白尼的故事。

1473年2月19日，在波兰维瓦斯河畔的托伦城，哥白尼诞生了。哥白尼的父亲是一名商人，还曾经当过托伦城的市长，母亲是一位富商家的千金小姐。看起来，哥白尼是一个幸运儿，生在了一个富贵之家。

可是，天有不测风云。很快，不幸的事情就接二连三地降临到哥白尼身上——他的父母年纪轻轻，却先后病故了。

可怜的哥白尼失去了双亲，被好心的舅舅收养了。哥白尼的舅舅是一位牧师，也是一位人文主义者，深受当时文艺复兴思潮的影响。舅舅家里经常会聚集一些学者名人，大家在一起热烈地讨论文学、音乐、科学等当时最时髦的话题。

当大人们在那里热情讨论时，小哥白尼总是静静地坐在旁边，忽闪着他的大眼睛，聚精会神地听着。在这样的氛围中，哥白尼渐渐对学习知识产生了强烈的渴望，也对神秘的大自然充满了浓厚的兴趣。

日子一天天过去了，哥白尼长成了一位俊朗的青年，考入了波兰的克拉科夫大学。克拉科夫大学作为当时欧洲有名的学术中心，很早就受到了文艺复兴思潮的影响。

在克拉科夫大学，哥白尼除了上课，最喜欢去的地方就是图书馆。他不愿浪费一分钟的时间，而是把所有的精力，都用来如饥似渴地学习知识。

在所有的学科中，哥白尼最感兴趣的就是天文学。很多次，他读书读累了，都会合上书本，出神地望着窗外那片璀璨的星空。那里，月亮像皎洁的白玉盘，星星像闪光的蓝宝石，它们是如此美丽，又是如此神秘。

地球真的是宇宙的中心吗

在哥白尼的时代，最流行的天文学学说是古罗马帝国的天文学家托勒密提出的“地心说”。

“地心说”的最早提出者，是古希腊的大学者亚里士多德。到了托勒密的时代，他把“地心说”系统化，提出了一套比较严密的理论。托勒密生于公元90年，他认为，地球是一个静止的球体，位于宇宙的中心，不管是太阳、星星还是月亮，都在围绕着地球旋转。

托勒密的“地心说”理论，很合罗马教会的胃口。因为在基督教徒看来，上帝创造了人类，把人类安排在地球上，又创造了日月星辰来作地球的“装饰品”。所以，罗马教会非常推崇“地心说”的理论，把它奉作经典，不许人们对它有丝毫的怀疑。到了哥白尼生活的时代，这种“地心说”的理论已经流行一千多年了。

在克拉科夫大学学习的过程中，哥白尼认真研究了托勒密的“地心说”，又亲自通过天文测量仪器，去观察星空中各种天体的运动。毕业后，哥白尼决定出国深造，他只身来到了文艺复兴运动的中心——意大利，在那里继续学习天文学。

经过多年的学习和思考后，哥白尼的心中渐渐产生了大大的疑问——地球真的是静止的吗？它真的是宇宙的中心吗？日月星辰真的在围绕地球旋转吗？

带着这些疑问，哥白尼更加刻苦地翻阅前人的书籍，用天文测量仪器去观测星空。随着他钻研和思索的不断深入，一个大胆的念头在他的心里涌了出来——也许，地球不是宇宙的中心，太阳才是！

这个念头就像种子一样，深深地在哥白尼的心中扎下了根。随着他的进一步研究、观测和思考，哥白尼越来越坚信自己的新学说——“日心说”。

弥留之际，巨著终于出版了

结束了在意大利的学习生活后，哥白尼来到弗莱堡大教堂，当了一名教士。在当时，教士是一份很不错的工作，有着稳定而丰厚的薪水。这样一来，生活有了保障，哥白尼可以静下心来研究天文学了。

弗莱堡大教堂建在一座小山上，周围是城墙，城墙上面有箭楼。箭楼的上层有三个窗口，还有一个小阳台。到了晚上，不管是站在窗口前，还是站在阳台上，灿烂的夜空都好像近在眼前。哥白尼非常喜欢那里，他自告奋勇，一个人搬到了箭楼上居住。

箭楼里的生活很孤独，但哥白尼却很兴奋，因为在那里每天晚上都可以观测星空，根本不会有人来打扰他。他还自己动手，制作了很多天文观测仪器，并把它们安置在小阳台上，把那里“打扮”成了一个小小的天文台。

就这样，日子一天天过去了，哥白尼的“日心说”理论渐渐成熟。哥白尼决定，把自己的学说写出来，印刷出版，纠正在欧洲流行了一千多年的“地心说”。哥白尼的这部著作，就是天文学史上非常著名的《天体运行论》。

在每天废寝忘食地写作《天体运行论》时，哥白尼的生活中出现了一段浪漫的插曲。

当时，在弗莱堡，有一位名叫安娜的姑娘，她出身名门，既美丽又富有。可是，安娜拒绝了很多富家子弟的追求，一心一意地爱上了性格腼腆、喜欢沉思的哥白尼。虽然，哥白尼是一名教士，按照当时的规定，不能娶妻生子，但安娜还是抛下一切世俗偏见，一如既往地爱着哥白尼。勇敢的安娜为了爱情做出了很多牺牲，她抛开自己的身份和财富，毅然搬进了简陋的箭楼，和哥白尼住在了一起，照顾他的日常生活。

在安娜的陪伴下，哥白尼心中充满了幸福，也迸发出更多的灵感。通过不断的努力，他的巨作《天体运行论》终于完成了。

在这部划时代的著作中，哥白尼提出——太阳是宇宙的中心，所有的星体都在围绕太阳运动。地球并不是静止的，它只是一颗普通的行星，也在围绕太阳运动。人们生活在地球上，感觉不到地球在运动，原因就像人们站在船上时，感觉不到船在前进，反而会觉得岸边的树木在不停倒退一样，这只是个错觉。

今天我们已经知道，哥白尼的学说也不完全正确，地球不是宇宙的中心，太阳也不是，太阳仅仅是太阳系的中心。但是，在当时的历史背景下，哥白尼的“日心说”挑战了旧有的“地心说”，对腐朽和陈旧的教会思想进行了毫不留情的批判，这已经是巨大的历史进步了。

虽然《天体运行论》已经完稿了，但由于害怕遭到教会的迫害，哥白尼迟迟没有将它公开出版。后来，年迈的哥白尼染上了重病，觉得自己要不久于人世了，才把手稿送到德国纽伦堡出版。

1543年5月24日，《天体运行论》的样书寄到了哥白尼面前，这个时候，69岁的哥白尼已经到了弥留之际，他摸着自己用一生心血写出的巨著，离开了人世。

第5期

伽利略的新发现

JIA LI LYUE DE XIN FA XIAN

开始讲故事啦

在意大利的比萨城中，
有一座奇异的比萨斜塔。
在比萨斜塔上，
有一位科学家做过一个很有名的实验。
这位科学家就是大名鼎鼎的伽利略，
这个著名的实验，
为人们揭开了自由落体之谜。

不过，让伽利略闻名于世的，
可不仅仅是自由落体实验。
他早在大学时代就发现了摆钟的等时性定律，
而他做出的另一大杰出贡献，
就是发明了世界上第一架天文望远镜。
伽利略的一生，是充满传奇与探索的一生，
他是人类历史上最伟大的科学家之一。

自由落体实验

伽利略站在塔上
搞什么呢？

他不会是想
跳楼吧？

他在变魔术吗？

难道他在掷
铅球？

我看他就是想把
地上砸个大坑！

你们这些人啊，什
么都不懂，人家在
做物理实验呢！

摆来摆去的大吊灯

你们听说过“比萨斜塔”吗？它坐落在意大利的比萨城中，是世界建筑史上的一朵大奇葩。之所以叫它“斜塔”，是因为它和别的高塔不一样，并不是直直地矗立在那里，而是像站累了一样，塔身向一侧倾斜了很多，看起来岌岌可危，仿佛随时都会倒塌。

不过，大家不用为它担心，人们最初发现塔身倾斜，可以追溯到公元1174年，如今，这么多年过去了，这座斜塔却依然矗立在那里。比萨斜塔别具一格的站姿，使其自然成为意大利比萨城一张响当当的名片。

不过，让比萨城闻名世界的，可不仅仅是比萨斜塔，在这座城里，还诞生了一位世界科学史上的大人物——他就是著名的大科学家伽利略。咱们打个不恰当的比方吧，如果说比萨斜塔是比萨城的一件漂亮衣服，那么伽利略俨然就是这座古老城市的精神和灵魂。

现在，就让我们再次回到文艺复兴时代，去了解大科学家伽利略的生平事迹。

1564年2月15日，伽利略出生在意大利比萨城的一个没落贵族家庭。他的老爸很了不起，既是一名出色的音乐家，又是一名杰出的数学家。有了这么好的遗传基因和家庭熏陶，伽利略从小就是个聪明又好学的孩子。

长大后，伽利略顺利考入了比萨大学。那时，文艺复兴的时代浪潮正深深地影响着每一个有理想、有追求的年轻人，伽利略自然也不例外。他的胸中，跳动着一颗热爱科学、追求真理的赤子之心。

在大学里，某一天放学后，伽利略和同学们一起，按照当时的惯例，来到比萨大教堂做祈祷。在偌大的教堂里，人们都非常虔诚地、默默地祷告着。此起彼伏的祷告声让年轻的伽利略觉得有些无聊，他无意中一抬头，发现教堂顶端悬挂着的一盏大吊灯，正在空中不停地摆来摆去。

在普通人看来，吊灯摆来摆去，是再正常不过的现象了。可是，伽利略是一个善于观察和思考的青年，他突然觉得这个现象其实并不那么简单。于是，他陷入了沉思，甚至连祈祷都忘记了。

那么，在这个看似普通的现象中，伽利略究竟发现了什么秘密呢?

人们的直觉真的可靠吗

当时，人们一般认为，一个吊着的物体，它的摆动幅度越大，摆动一个来回需要的时间就越长。

那么，人们是根据什么样的理论，才做出这样的判断呢？很可惜，人们当时并没有什么依据，只是凭借自己的感觉来下结论的。

年轻的伽利略站在大教堂里，抬头望着摇摆不定的吊灯，突然对这个在普通人眼中是常识的论断产生了深深的怀疑——难道真的是大吊灯摆动的幅度越大，需要的时间就越长吗？

为了证实心中的疑虑，伽利略伸手按住了自己的脉搏，并暗暗计算着时间——一下，两下，三下……

大吊灯依然在摆动着，来回画着弧线，但它越摆越没有“力量”，仿佛累了一样，摆动的弧线也越来越短……

嗯？不对！事实并不是人们想的那样！伽利略发现，不管吊灯来回摆动的幅度如何变化，它摆动一个来回的时间总是相等的！

为了证实自己的判断，回到家里后，伽利略马上找来一条绳索，把一件重物系到上面，然后计算它来回摆动的时间。没错！每个来回的时间都是相等的！

就这样，伽利略发现了著名的摆钟的等时性定律。后来，人们生活中出现的挂摆时钟，就是根据这个原理制作的。

无独有偶，伽利略还做过另外一个实验，这个实验再次告诉我们，人们的直觉有时候是不可靠的。

这件事发生在1590年，那时候，伽利略已经是比萨大学的一名年轻教授了。有一天，他拿着两个不同重量的铅球，神秘兮兮地登上了比萨斜塔。

伽利略对围观的群众说："大家看，我手中有两个铅球，一个重10磅，一个重1磅，我现在把它们同时从斜塔上抛下去，你们猜猜看，它们谁先落地？"

围观的人们纷纷说："哼，那还不简单，当然是10磅的铅球先落地咯，因为它更重嘛！"

你是不是也认为是更重的那个铅球先落地呢？嘿嘿，我们说过了，人们的直觉，有时候是靠不住的。

面对人们七嘴八舌的议论，伽利略笑而不语，只见他微微张开双手，让两个不同重量的铅球同时从比萨斜塔的高处落了下去。咦，奇怪的现象发生了——两个不同重量的铅球，竟然同时落地！

这就是著名的自由落体实验。通过这个实验，伽利略纠正了一个流行了上千年的错误观念。怎么样，这个实验很有趣吧？这可是伽利略在物理学上做出的重大贡献哟！

第一架天文望远镜——“老发现者”

俗话说，人怕出名猪怕壮。由于自己的天才发现，伽利略越来越有名，与此同时，他也遭到了别人的嫉妒。当时，比萨大学的很多教授都认为，伽利略狂妄无知，他的一系列科学发现都是假的，是一种巫术。这些卑鄙的人开始对伽利略展开污蔑和攻击。

伽利略很气愤，他辞去了比萨大学的职务，移居到了水城威尼斯。在朋友的帮助下，他来到了帕多瓦大学任教。在那里，他一工作就是18年，度过了自己人生的黄金时代。

帕多瓦大学充满了自由的学术气息，在那里，伽利略再次受到了人们的欢迎。每当他讲课的时候，教室里总是挤满了前来听课的学生。伽利略告诉他的学生们，要多动脑筋思考问题，宇宙充满了神奇的奥秘，等着人们去发现……

1607年，伽利略听说荷兰人发明了望远镜，他马上便对这个新事物着了迷。通过自己的琢磨和思考，他于1609年发明了世界上第一架天文望远镜。他给自己这架望远镜起了个好玩的名字——“老发现者”。

在那个神奇的晚上，伽利略转动着“老发现者”，第一次搜索了茫茫的太空。他发现，原来月亮并不像肉眼观察到的那么平滑明亮，它的表面就像长过青春痘后留下疤痕的脸一样，凹凸不平；他还发现，在天际的银河中，有数不胜数的星星，它们或明或暗，不停地眨着神秘的眼睛……

1610年，伽利略出版了一本名为《星际使者》的书，向人们宣布了他的新发现。人们都赞叹道：“哥伦布发现了新大陆，而伽

利略发现了新宇宙！”

通过对太空的观测，伽利略认同哥白尼的理论，那就是，地球只是一颗普通的行星，而太阳才是宇宙的中心！

可是，伽利略的新发现也让自己遭受了不白之冤。当时，罗马教廷坚持上帝造人说，认为人类居住的地球才是宇宙的中心，地球是静止的，根本不会围绕太阳转动。伽利略很快就接到了罗马教廷的警告——不准讲授“日心说”！

但是，伽利略是一位追求真理与良知的科学家，在他的书中，他依然支持哥白尼的理论。于是，已经年近70岁高龄的伽利略，还是被押上了宗教法庭。在法庭上，伽利略被迫双膝跪地宣誓——哥白尼的理论是一派胡言，他保证以后再也不会四处宣扬！

可是，据说伽利略在法庭上宣过誓后，他还自言自语地嘟囔了一句：“可是地球依然是转动的！”

最后，伽利略被判终身监禁，但是不用在监狱中服刑。伽利略的女儿一直在照顾老爸的晚年生活，不过很不幸，后来他的女儿也先他而病逝了。1642年，伽利略在孤独中离开了人世。

当你们读到大师巨匠溘然长逝时，想必也会扼腕叹息吧！不过别沮丧，他们曾经在历史天空中闪耀的光芒，将会永远温暖我们，照亮我们前行的道路！

宗教思想“大地震”

ZONG JIAO SI XIANG DA DI ZHEN

开始讲故事啦

在中世纪的欧洲，
教皇和罗马教会在卖一种名叫“赎罪券”的东西，
他们大言不惭地说，
只要买了这玩意儿，死后就可以进天堂！
你信吗，
反正打死我我也不信！

在德国，有一位名叫马丁·路德的神学教授，
他也不信这些鬼玩意儿，
所以，他写了《九十五条论纲》，
批判了罗马教皇的无耻行径。
紧接着，他又到德国城市莱比锡展开了一场大辩论，
公开宣扬了自己的新思想。
马丁·路德引发的这场宗教思想的“大地震”，
就是历史上著名的“马丁·路德宗教改革”！

教皇让你买赎罪券哟！
呃，我的钱还要买电影票呢！
教皇让你参加教会活动哟！
呃，我明天要去郊游呢！
教皇让你收回你的著作哟！
呃，已经和书商谈好出版合同了，不能违约呀！
教皇的话你怎么一句都不听呢？
我相信上帝，但我不相信教皇！

教皇是个卖“赎罪券”的“票贩子”

我们已经知道，在西欧社会，宗教活动是人们生活的重要组成部分，在前面的章节中，我们也多次谈到了宗教人物和宗教事件。这不，就在欧洲兴起文艺复兴运动的同时，宗教界又发生了一件大事。这件大事，真可以说是一场宗教思想的“大地震”，对西欧的历史进程产生了非常重大的影响。走吧，让我们一起去看一看，这一次又发生了哪些好玩的事情。

这是一个名叫维登堡的德国城镇，这一天，人们在镇子的中心广场上，搭起了一座讲坛。一位红衣主教正站在讲坛上，激情洋溢地讲着话：“孩子们，我们的上帝是仁慈的，他在人间的代表——尊敬的教皇陛下，派我来为你们赎罪！”

讲到这里，这位红衣主教顿了顿，人群中发出了轻微的议论声，只听这位红衣主教接着说：“大家想想，我们人类每一天、每一月、每一年都会犯很多过错，有罪之人死后是不能进天堂的。那么，我们该如何赎清自己的罪过呢？大家看——”

说到这里，他指向了讲坛旁边放着的两个钱箱子：“教皇陛下为大家带来了上帝的恩赐——‘赎罪券’，只要你们买了赎罪券，就可以洗刷自己的罪名，进入幸福的天堂。只要你们把钱币放进这个钱箱子里，听到‘当啷’一声，你们的罪名就全免了！”

听了这位红衣主教的话，人们议论纷纷——

“原来‘赎罪券’这么神奇啊！”

“哼，什么鬼东西，这分明就是骗人钱财的嘛！”

“如果花钱才能进天堂，那上帝岂不是个贪财鬼吗？”

虽然大家意见不一，可是，很多虔诚的教徒，还是听信了这番鬼话。他们把自己的血汗钱投进了钱箱，换了几张一文不值的“赎罪券”。有的人以为这样就真的洗刷了自己的罪过，小心翼翼地把赎罪券保存了起来，还不停地在胸前画着十字。

看到这里，你觉得可笑吗？难道，买几张一文不值的赎罪券，死后就可以进入天堂？

可是，在中世纪的欧洲，这是真实发生过的事情。当时，以教皇为首的罗马教会贪婪、腐朽，他们编造这样的谎言，欺骗了很多纯朴无知的底层人民。他们像不要脸的票贩子一样，通过贩卖“赎罪券”的无耻方式，搜刮了无数老百姓的血汗钱。

振聋发聩的《九十五条论纲》

在德国，有一位神学教授，他的名字叫马丁·路德。看到教皇和他的狗腿子们用贩卖“赎罪券”的方式搜刮钱财，路德十分气愤。

路德是个有正义感和责任心的基督徒，他决定勇敢地站出来，揭露罗马教会的丑恶嘴脸，不让他们再欺骗百姓。

说干就干，路德拿出纸笔，奋笔疾书，把自己的所思所想写成了一封公告。在公元1517年10月31日这一天，他毫不畏惧地把这封公告贴到了维登堡大教堂的门口。

这一下，教堂门口可炸开了锅，围观这封公告的人越来越多，有的人甚至当众大声朗读起来——

“关于‘赎罪券’的作用，很显然，当钱币投入钱箱叮当作响的时候，增加的只是教皇爱财的欲望……

“教皇是一切富有的人中最富有的人，他的钱比国王的都多，他为什么不自己出钱建教堂呢？他为什么要让穷苦的百姓不停地捐钱呢？……”

马丁·路德的话说出了大家的心声，每念一句，围观的群众就发出热烈的叫好声。路德的这封公告共有九十五条，这就是历史上著名的《九十五条论纲》。

《九十五条论纲》贴出来后，就像咱们今天的流行歌曲一样，得到了广泛的传诵。有一些精明的书商还把这份论纲印成了精美的小册子，到处兜售，趁机赚了不少钱。

这份论纲就像一副灵丹妙药，马上就发挥了惊人的功效。一时间，很多蒙在鼓里的老百姓都醒悟过来，购买“赎罪券”的人越来越少了。

这样一来，眼看着自己的腰包大大地缩水，教皇可慌了神。最后，教皇决定收买路德。于是，他给路德写了一封信。在信中，教皇对路德承诺说，只要路德宣布收回这份论纲，那么他将封路德为红衣主教。

可是，面对教皇开出的优厚条件，路德毫不犹豫地拒绝了。眼看着收买不成，教皇又派了一名能言善辩的红衣主教去说服路德，让他承认错误，收回论纲。可是，没想到路德的口才也棒得很，一点儿都不比舌战群儒的诸葛亮差，他用《圣经》中的言论为自己辩护，把那位前来游说的红衣主教驳斥得哑口无言。

要知道，在当时的欧洲，教皇的势力是很强大的，有时候，连国王都惧怕他三分。那么，马丁·路德却公开和教皇唱对台戏，他的未来是吉是凶呢？

只读《圣经》就可以，教皇闪一边去

1519年，马丁·路德像个斗士一样，来到了德国的大城市莱比锡，在那里，他和教皇派来的神学家约翰·艾克展开了一场载入史册的辩论。

只见路德手捧《圣经》，目光坚定地说——

“教皇不是上帝的代表，他也犯过错误。我相信上帝，但我不相信教皇!

“人们对上帝的虔诚，不在于参不参加宗教活动，也不在于买不买赎罪券，而是体现在对上帝虔诚地信仰!

“真理的根据，不取决于教会或教皇，而只取决于《圣经》！”

路德的讲话，打动了在场的每一个人。这场辩论过后，德国上下都反响强烈，不光是平民百姓，连王公贵族也纷纷对路德表示支持。

路德的演讲为什么会产生如此巨大的轰动效应呢？别着急，在这里，我们要简单给大家介绍一下当时的时代背景。

在当时的欧洲，基督教信仰是社会主流思想，几乎每一个人都信仰上帝。但是，以教皇为首的罗马教会，仗着自己势力强大，就对人们宣称——上帝是神，不会轻易向人们显灵，所以，上帝就派了一位代表，代替他在人间传达神的旨意，这个上帝的代表，就是教皇。所以，教皇和教会就是人们和上帝沟通的中介，如果没有教皇和教会，就没有了中介，人们就不能领会上帝的旨意。

这样一来，教皇俨然就成了人间的“上帝”，因为他是上帝的代表嘛！所以，教皇就趁机借着上帝的名义，曲解《圣经》的内容和含义，以此来蒙蔽百姓，贪敛钱财，为所欲为。

但是，马丁·路德的这一番演讲，彻底推翻了教皇和教会的官方说法。因为他认为——人们不必受教会的管制，也不一定要相信教皇，只要人们心中信仰上帝，就是虔诚的信徒。每一个人都可以独立阅读《圣经》来领会上帝的意思，根本不需要教皇和教会！所以，马丁·路德的思想核心，也被叫作“因信称义”。

这下大家明白了吧。马丁·路德的言论，完全颠覆了教皇和教会的统治地位，在当时，这无疑是一场宗教思想的“大地震”，为那个时代带来了一股全新的空气。历史上，我们把它称为“马丁·路德宗教改革”。这次改革，让人们的思想变得更加独立、更加自由，极大地推动了历史的进步。

面对马丁·路德的言论，教皇气得大眼瞪小眼，他向路德发了诏书，开除了路德的教籍。不过，路德毫不畏惧地烧毁了教皇的诏书。这一行为使他成为德国人民心目中的英雄。从此，马丁·路德成了德国宗教改革的领袖。教皇虽然权力还很大，可是这时也拿“另立门户”的路德没什么办法了。

也就是从那时起，基督教有了三个大分支，一个是由罗马教会主持的天主教，一个是原来东罗马帝国地区的东正教，另一个就是脱离教会、信奉马丁·路德言论的新教。现在，很多地区的基督徒，都信仰新教。

“羊吃人”的人间悲剧

YANG CHI REN DE REN JIAN BEI JU

开始讲故事啦

随着新航路的开辟，
海上贸易越来越发达，
做生意的人也越来越多，
渐渐地，资产阶级悄然兴起了。
你猜猜，在那个年代，什么货物最抢手？
是苹果手机？还是平板电脑？
错，都不是，是羊毛！

英国是欧洲的养羊大户，为了大规模养羊，
资本家们大肆圈占耕地，把良田变成了养殖场。
绵羊越养越肥，可是，农民们却流离失所了。
为了夺回土地，农民们奋起反抗，
于是，英国历史上规模浩大的一场农民起义爆发了。
这场农民起义结局如何呢？
我们又该怎样反思这场“羊吃人”的悲剧呢？

你猜，怎样才能发大财？
让我想想……
努力工作？
错！
炒股票，玩基金？
错！
要想富，先修路，少生孩子多种树？
错！
笨蛋，养羊，养羊，还是养羊！
呃，那到底是什么嘛！

羊毛成了紧俏货

俗话说，温故而知新，在此之前，我们讲了中世纪的教皇、君主、民间风俗，以及各种事件，讲了文艺复兴时期的多位大师巨匠，又讲了马丁·路德的宗教改革。现在，我们就来简单梳理一下欧洲历史的发展脉络，再去讲新的故事。

自从西罗马帝国灭亡后，欧洲渐渐进入了中世纪，也进入了一个封建时代。在这段很漫长的时间里，教皇和教会拥有很大的权力，欧洲社会处于愚昧和落后时期。

一直到了文艺复兴时期，随着人文主义的传播，人们的思想开始慢慢“解冻”。大家又开始追求真理和智慧，社会风貌也焕然一新了。而马丁·路德的宗教改革，使人们的思想更加解放。渐渐地，以教皇和罗马教会为首的封建势力越来越衰落了。

与此同时，哥伦布、麦哲伦等航海家的海上大探险，开辟出了新航路。新航路的开辟，带来了很多做生意的机会。人们驾着船只在大海上穿梭，把一个地方的货物运到另一个地方去，从中赚了很多很多的钱。就这样，随着做生意的人越来越多，贸易越来越发达，一个新的社会阶层慢慢兴起了。这个新兴的社会阶层，就是资产阶级。

好了，我们大概梳理了一下欧洲历史发展的主线，现在大家都应该搞清楚了吧。那么，现在，我们就沿着这条主线往前走，去看看在资产阶级兴起的过程中，都发生了哪些历史事件。

资产阶级的兴起，靠的是做生意。既然是做生意，那当然要有商品咯！不错，那时候，人们很喜欢穿呢绒大衣，所以，毛纺织业很发达。因此，羊毛的价格就不断飞涨。所以，那个年代的紧俏货，既不是苹果手机，也不是平板电脑，而是羊毛！

既然羊毛成了紧俏货，那不用说，所有的资本家都像饿极了的大灰狼一样，把贪婪的目光盯在了乖巧柔顺的绵羊身上。不过，他们可不是要吃鲜美的羊肉哟，他们的目标只有一个——羊毛，羊毛，羊毛！

想要羊毛，办法只有一个，那就是养羊。那么，在养羊的过程中，又会发生哪些出人意料的事情呢？

农民伯伯的田地变成了大羊圈

随着羊毛价格不断飞涨，资本家们开始拼命养羊。在欧洲，最牛的养羊大户非英国莫属。

英国是一个岛国，气候温和，雨水丰沛，草木茂盛，很适合开展畜牧业。所以，为了赚更多的钱，英国资本家养羊的规模越来越大。

那么，如何提高养羊的效率呢？有一个好办法，那就是建立大牧场。不过，大牧场不是说建就能建的，要建大牧场就要有土地。可是，土地是农民伯伯的命根子啊。他们春种秋收，面朝黄土背朝天，好不容易才收获一些粮食，用来维持生计。现在，资本家要占用耕地来建大牧场，不用问，农民伯伯肯定是不愿意的。

但是，这些资本家都是黑心肠，他们才不管农民的死活呢！他们采取了非常蛮横的手段，他们只要看上哪一块土地，马上就命人把农民的房子拆掉，把这块土地用篱笆一圈，然后就宣布——这块土地归我了！

这就是历史上非常著名的圈地运动。随着资本家到处圈地，大牧场变得越来越多。牧场里的绵羊们都吃得饱饱的，养得肥肥的。可是，很多农民却失去了自己的土地，变得无家可归，四处流浪，甚至很多人因此病倒或者饿死了。

这是一段黑暗的、毫无人道主义的历史。对于这种悲惨的现象，很多人都愤怒地指责说，这简直就是一场“羊吃人”的人间悲剧！

由于没有土地，农民们只能四处流浪。但是，在当时的英国，这是不被法律允许的。1549年的夏天，在英国东部的诺福克郡，当地政府逮捕了几百个无业游民，不但把他们关进了监狱，还残忍地判处他们绞刑！

哪里有压迫，哪里就有反抗！在这些被关押的人群中，有一个性格倔强的年轻人，他的名字叫罗伯特·凯特。罗伯特·凯特对身边另一个伙伴说：“嗨，兄弟，我认识你，你叫康士恩，是一个出色的石匠。你说说，咱们能就这么不明不白地被绞死吗？”

康士恩无奈地说：“那还能怎么办呢？家里的田地被占了，我只好出来流浪。可是流浪也有罪，他们竟然说我是罪犯！”

罗伯特·凯特攥了攥拳头，咬着牙说：“哼，既然如此，我们可不能白白受死，今晚我们就想办法逃出去，你看怎么样？”

罗伯特·凯特的话，一下子就打动了康士恩，也打动了被关押的每一个人。大家的眼睛里都迸发出坚毅的光芒——对，我们不能屈服，我们要奋起反抗！

那么，接下来会发生什么呢？罗伯特·凯特和他的伙伴们的命运，又会怎样呢？

农民起义失败了，但却虽败犹荣

在幽暗的监牢里，罗伯特·凯特和康士恩砸断了铁链，机警地从屋顶的天窗逃了出去。他们二人偷偷地摸到了前院，用石头砸死了看守的士兵。紧接着，他俩找到钥匙，打开了牢房的大门。就这样，重获自由的人们，纷纷拿起木棍、石块等武器，开展了一场轰轰烈烈的农民起义。

在罗伯特·凯特的带领下，起义军的队伍越来越壮大，他们每打到一个地方，就有很多失去土地的农民加入进来。到了1549年7月22日，起义军攻陷了诺福克郡的首府诺里奇城。罗伯特·凯特宣布，把那些大牧场统统拆掉，把那些被圈占的土地，还给农民！

看到农民起义风生水起，英国政府害怕极了。这些贵族老爷表面上讨好起义军，假模假样地答应农民们的请求。暗地里，却使出了自己的杀手锏——派沃里克伯爵带领一万五千人的军队，前去镇压起义军！

沃里克伯爵可不是吃素的，他久经沙场，是一名出色的指挥官。他的军队训练有素，战斗力非常强。不久，沃里克伯爵用诡计把起义军包围了起来。经过一番大战，起义军士兵大多不幸战死了。最后，罗伯特·凯特身边只剩下了一些受伤的将士，陷入了绝境。

这时，沃里克伯爵对那些起义军将士许诺：“只要你们放下武器，那么，我会保证你们的人身安全！”

为了活命，万般无奈之下，他们只好听从了沃里克伯爵的话，放下了武器。

但是，贵族老爷们根本就不讲信用，他们恨透了罗伯特·凯特和他的伙伴们，于是，他们出尔反尔，最后还是把这些起义军都杀死了。

这次起义虽然失败了，但是农民兄弟们用自己的生命和鲜血，沉重地打击了丑恶的圈地运动。在那之后，圈地运动虽然还在进行，但在一定程度上减缓了许多。有了这次教训，资本家和贵族老爷们胆子小了很多，气焰也没有原来那么嚣张了。

这场“羊吃人”的人间悲剧差不多讲完了，不过，我们可不能光听故事，还要学会思考问题。在这场风波中，我们能看到什么历史真相呢？

马克思曾说，资本主义的发展依靠的是血腥的原始积累。从圈地运动这件事来看，他说得非常对。资本家们正是通过这种赤裸裸的掠夺，才捞到了第一桶金。因为有了这样的原始资本的积累，所以他们才有了底气，慢慢地发展起来。

吹响新时代号角的尼德兰起义

CHUI XIANG XIN SHI DAI HAO JIAO DE
NI DE LAN QI YI

开始讲故事啦

随着新航路的开辟，
原本“冷清寂寞”的欧洲大西洋沿岸，
开始变得热闹起来，
尤其是尼德兰这块本来并不起眼的低洼之地，
这里渐渐兴起了很多重要的海港城市。

为了追求独立与自由，
尼德兰人民发动了起义，
与西班牙统治者展开了顽强的斗争。
你听说过“海上乞丐”和“森林乞丐”吗？
这可都是尼德兰人民的游击队哟，名字很酷吧！
最后，尼德兰人民胜利了，
他们建立了属于自己的共和国，
为资产阶级的兴起吹响了号角！

我们的口号是——
“乞丐万岁”！

我们的标志是——
讨饭口袋！

嘿嘿，你猜猜
我们是谁？

呃，难道你们就是传
说中的丐帮？

错，我们是尼德
兰起义者！

尼德兰，大西洋沿岸的低洼之地

讲历史故事，往往是离不开地理知识的，因为任何历史事件和人物都要以自然地理环境为依托。现在，就让我们一起来打开一幅世界地图吧！

大家看，在欧、亚、非三大洲的“怀抱”中，是一片海洋。没错，这就是地中海。地中海是一片内海，在很多时候，它的“脾气”都很“温和”，显得风平浪静。自古以来，地中海上就有很多船只来往穿梭，让这片海洋显得“人气十足”。

大家再顺着地图，来看看欧洲的西海岸。没错，那里有一片更加广阔的海域，那就是大西洋。在过去，由于大西洋辽阔而神秘，大海上经常风浪滔天，所以，过去的人们都对它“敬而远之”。不过，随着哥伦布的地理大发现和新航路的开辟，情况开始发生改变了。越来越多的船只开始从欧洲西海岸，也就是大西洋沿岸出发，去往南美大陆和世界各地。渐渐地，大西洋不再“寂寞”了，它变得越来越热闹。

这是一次重大的转变，从那时起，地中海不再是欧洲航运的唯一“主角”了。大西洋沿岸开始有了很多优良的港口，交通地位越来越重要，欧洲的商业中心也开始向那里转移。

所以，我们今天的故事，就从大西洋沿岸开始讲起。

在大西洋沿岸，有一片被称为“尼德兰”的地区，“尼德兰”是荷兰语发音，意思是“低洼之地”，它包括今天的荷兰、比利时、卢森堡以及法国北部的一些地区。新航路开辟后，由于欧洲商业中心的转移，尼德兰地区的经济变得发达起来，并且出现了很多重要的城市，比如，我们今天熟悉的荷兰首都阿姆斯特丹，从那时起，就以航运业和捕鱼业闻名。

既然尼德兰渐渐成了新兴的商业中心，那么请大家想想，在商业文明的环境里，新兴的资产阶级最看重什么呢？不用问，是自由，是平等，是契约精神。因为不管你是贵族还是平民，既然是做生意，就一定要你情我愿，一定要公平交易，一定要按合同办事。所以，自从马丁·路德的宗教改革后，那里的人们大多都信仰新教，因为新教更加自由嘛！

可是，在16世纪初，尼德兰地区归西班牙王国统治。西班牙是一个天主教国家，思想很落后，也很专制。西班牙国王非常讨厌那些新教徒，为了维护自己的专制统治，他还在尼德兰地区设置了宗教裁判所，用来迫害那些信仰新教的资产阶级市民。

所以，在尼德兰地区和西班牙王国之间，存在着深深的矛盾，一场惊天的大变革，正在悄悄酝酿着……

“乞丐万岁！”

尼德兰地区与西班牙王国之间的矛盾越积越深，就像一个不断膨胀的气球一样，最后，这个“气球”嘭的一声，终于爆开了……

这是1566年的一天，在受够了西班牙王国的压迫后，尼德兰人民忍无可忍，纷纷揭竿而起，一场大起义爆发了。

起义的人们拿起武器，像浪潮一样冲向了天主教堂，他们捣毁圣像、圣物，把教堂砸了个稀巴烂。然后，他们还打死看守，打开了监狱的大门，解救了那些受苦受难的百姓。由于西班牙贵族咒骂尼德兰人是“乞丐”，所以起义者便高喊出了“乞丐万岁”的口号，还把乞丐的标志——一个讨饭的口袋绣在了自己的衣服上，并以此作为起义的标志。

不久，起义的消息就传到了西班牙的王宫里，西班牙国王听后大吃一惊。定了定神后，国王马上发出一道命令——委任阿尔法公爵为新一任尼德兰总督，火速前去镇压起义！

阿尔法公爵可不是好惹的，这家伙以残暴著称，是个有名的杀人狂魔。阿尔法公爵一到尼德兰，便马上采取了铁腕政策——杀，杀，杀，只要是起义者，统统杀干净！

一时间，尼德兰到处都布满了杀人的刑场，绞架、断头台、火刑柱……让人不寒而栗，空气中弥漫着血腥和恐怖的气息……

除了杀人，阿尔法公爵还拼命搜刮钱财，连百姓口袋里的一个铜板都不肯放过。这个残暴的家伙还得意扬扬地说："宁愿留给上帝一个贫穷的尼德兰，也绝不留给魔鬼一个富裕的尼德兰！"大家瞧瞧，这家伙多不要脸哪，他还口口声声说别人是魔鬼，他自己分明就是一个可怕的吸血鬼呀！

不过，尼德兰人民并没有被吓倒，他们组织起了游击队，顽强地和西班牙政府展开对抗。

尼德兰人民的起义会成功吗？他们心中的自由和梦想，能像鲜花一样开放吗？

胜利了，打败了西班牙贵族

在一望无际的大西洋上，一艘西班牙大船正在慢悠悠地行驶着。再过不久，这艘大船就可以结束漫长的航行，抵达西班牙的港口了。船长美滋滋地叼着烟斗，一副得意扬扬的样子，因为船上载满了从各地抢来的金银财宝。

可是，在远处的海面上，突然出现了几个小黑点。这几个黑点由远而近，速度极快，顷刻之间就来到了西班牙大船的眼前，挡住了大船的去路。

船长有些慌了——不会是遇上海盗了吧？这时，瞭望员向他报告："报告船长，这是几艘小渔船！"

船长听后，长长地松了口气，不过几艘小渔船嘛，没什么可担心的！可是，这位船长高兴得有些太早了。这时，就听见这些小渔船上发出了嬉闹般的叫喊声："该死的'西班牙佬'，你们逃不了了，哈哈，我们是'海上乞丐'！"

紧接着，渔船上便伸出了火枪和黑洞洞的炮口，西班牙船长一下子就被吓得呆住了。最后，大船上的财物都被这些"海上乞丐"搬到了小渔船上。随后，那些小渔船扬长而去。

你们可能要问了，这些和西班牙人作对的“海上乞丐”，到底是些什么人呢？原来，他们就是那些受苦受难的尼德兰人民。尼德兰人民发动的起义遭到了西班牙统治者的残酷镇压，但是，他们不屈不挠，奋勇反抗。这些“海上乞丐”，就是尼德兰起义军中的一支重要武装力量。

除了漂荡在大海上的“海上乞丐”，尼德兰起义军还有另外一股重要的势力，那就是“森林乞丐”。“森林乞丐”就像梁山好汉一样，出没在深山老林中，劫富济贫，不断地反抗着西班牙政府。

有了这些尼德兰游击队，那位残酷镇压尼德兰起义的阿尔法公爵有点儿坐卧不安了，他万万没有想到，这些尼德兰人竟会如此顽强。后来，“海上乞丐”和“森林乞丐”联起手来，前后夹击，把阿尔法公爵打得一败涂地，再也没有原来那般嚣张了。

接下来，勇敢无畏的尼德兰人民再接再厉，一次又一次对西班牙人发起反攻，把他们打得狼狈不堪、节节败退……

1581年，追求独立与自由的尼德兰人民，终于迎来了自己的“节日”，他们自豪地宣布——从今以后，尼德兰北部各省再也不接受西班牙人的统治，他们要成立自己的共和国！

尼德兰人民建立的这个新国家，后来改称为荷兰共和国，这就是今天荷兰这个国家的雏形。当时，尼德兰南部的一些地区仍属于西班牙，后来这些地区就形成了今天的比利时和卢森堡。

尼德兰人民的这次起义，是人类历史上第一次资产阶级性质的革命。虽然，它只发生在一块很小的地域内，但是却敲响了中世纪的丧钟，强烈地预示着——资产阶级兴起的新时代就要来临了！

第9期

“无敌舰队”的神话破灭了

WU DI JIAN DUI DE SHEN HUA PO MIE LE

开始讲故事啦

新航路开辟，
西班牙是最大的受益者，
通过殖民掠夺，
西班牙成了称霸一时的大帝国。
西班牙人组建了一支强大的“无敌舰队”，
气焰十分嚣张，谁都不敢招惹它……

不过，有一个国家虎视眈眈，
一直想和西班牙掰掰手腕——这就是英格兰。
英女王处死了西班牙国王的求婚对象玛丽，
引发了两国之间的一场大海战，
于是，“无敌战舰”与英格兰海盗船展开了一场大“比武”！
最后，结局让所有人大跌眼镜——
英格兰人胜利了，“无敌舰队”的神话被打破了！
从此，西班牙一蹶不振，而英格兰则走上了称霸世界的道路……

能不能打败无敌舰队呢？

能不能打败无敌舰队呢？

能不能打败无敌舰队呢？

女王陛下，别担心，我们能打败他们！

真的吗？骗人是小狗！
呃……

西班牙是“老大”，可是有个“小弟”不服气

在前面，我们谈到了尼德兰起义。英勇的尼德兰人民摆脱了西班牙的统治，建立了属于自己的新国家。好了，就让尼德兰人民沉浸在幸福的喜悦中吧，我们先不去打扰他们了。现在，我们把目光投向西班牙，去看看这个古老的国家将会迎来什么样的命运。

说起西班牙，那可真算得上是欧洲的老牌强国了。大家想想，当年哥伦布扬帆出海发现新大陆，正是得到了西班牙王室的资助哟！

所以，西班牙就成了新航路开辟最大的受益者。西班牙人到处抢占殖民地，辽阔的美洲大陆几乎变成了他们的“后花园”，同时，他们又向亚洲、非洲进军，继续扩大自己的势力范围。就这样，世界各地的金银财宝，源源不断地被打包装船，运往了西班牙。

依靠殖民掠夺，西班牙变得越来越强大，别的国家都小心翼翼的，谁都不敢招惹这个“大家伙”。特别让大家害怕的是，西班牙建立了一支庞大的舰队，这支舰队所向披靡，从来没有遇到过对手，简直就是神话一般的存在，号称“无敌舰队”。依靠这支“无敌舰队”，西班牙更是牢牢坐稳了海上霸主的交椅。

不过，凡事都有例外，虽然西班牙是名副其实的“老大”，但它的

一个“小弟”心里却有点儿不服气。这个不太服气的“小弟”，就是英格兰。

我们前面讲过，英格兰的资产阶级渐渐兴起了，他们通过圈地运动、海外贸易和殖民掠夺，也逐渐变得强大起来。有了些家底后，英格兰就有点儿不甘心了，总想着有一天，把西班牙拉下马，自己也尝尝当“老大”的滋味。

所以，渐渐地，在这两个都想称霸天下的国家之间，产生了很多矛盾……

处死玛丽，向西班牙发出挑战

1568年，英格兰的邻国苏格兰发生了一场政变，苏格兰女王玛丽走投无路，只得灰溜溜地来投靠她的亲戚——英格兰女王伊丽莎白。可是，玛丽万万没想到，伊丽莎白女王是个狠角色，她一到英格兰，就被囚禁了起来。

这件事成了“导火索”，一下就惹火了西班牙国王腓力二世，使得原本就矛盾重重的英格兰和西班牙关系变得更僵了。

你们可能觉得奇怪，英格兰女王囚禁了苏格兰女王，这怎么会和西班牙扯上关系呢?

别急，咱们慢慢道来。原来，苏格兰女王玛丽还有另一个身份——她和当时的西班牙国王腓力二世早有婚约，是腓力二世的未婚妻!

这下你们明白了吧，腓力二世的未婚妻被英格兰女王囚禁了，你说说，他能不生气吗?

所以，腓力二世打起了自己的小算盘，他决定派人去刺杀英格兰女王，解救玛丽。然后，再扶植玛丽当英格兰女王，自己趁机控制英格兰!

可是，腓力二世的如意算盘并没有得逞。刺客们的暗杀行动，都被英格兰女王伊丽莎白幸运地躲过了。不过，伊丽莎白女王明白，腓力二世

是不会善罢甘休的，只要自己还囚禁着玛丽，暗杀行动就不会停止。

究竟该怎么办呢？

思来想去，一个大胆的念头在伊丽莎白女王的脑海中冒了出来——索性处死玛丽，断了腓力二世的念想，公开与西班牙撕破脸皮！

可是这么做，伊丽莎白女王又有些担心，因为她很清楚，西班牙的“无敌舰队”可不是好惹的。一旦双方开战，英格兰人能不能打得过“无敌舰队”，真的很难说。

就在伊丽莎白女王犹豫不决的时候，有一位大臣来向她报告：“陛下，我们刚刚查获了玛丽与外国勾结的密信，咱们就用这个借口，干脆处死玛丽算了！”

伊丽莎白女王听后，愁容满面地说：“可是杀了玛丽，就一定会和西班牙开战，咱们打得过‘无敌舰队’吗？”

这位大臣说：“陛下，咱们与西班牙之间，早晚都有一战。现在，咱们的海军已经非常强大了，咱们只有打败‘无敌舰队’，才能够成为新的霸主！陛下，请您下决心吧！”

听了这番话，伊丽莎白女王的眼中迸发出坚毅的光芒，她终于下了最后的决心——处死玛丽，与西班牙决一死战！

苏格兰女王玛丽，就这样被处死了。这样一来，西班牙和英格兰彻底撕破了脸皮，一场大战近在眼前！

惊心动魄的英西大海战

玛丽被处死后，西班牙国王腓力二世立即采取行动，他花了整整一个夏天，集结起了庞大的“无敌舰队”。

1588年7月中旬的一天，“无敌舰队”浩浩荡荡地出发了。这支舰队共有大小船只130艘，火炮3000门，它们排成长队，旌旗蔽天，排山倒海一般涌进了英吉利海峡……

不过，英格兰女王伊丽莎白并没有被“无敌舰队”的气势吓倒。她沉着冷静地发出了命令，派遣严阵以待的英格兰海军前去迎敌！

西班牙“无敌舰队”的主帅，是西多尼亚公爵。他亲自登上瞭望台，密切观察英国舰队的动向。看了一会儿后，西多尼亚公爵扬扬得意地说：“哼，这些英格兰人真是自不量力啊，他们的战舰这么小，就像破渔船一样，竟然还敢和我们作战！我看，八成是英格兰女王把造军舰的钱都用来做漂亮衣服了，哈哈！”

这位公爵大人虽然很傲慢，但他说的话倒也不假。确实，英格兰战舰体积不大，跟“无敌舰队”的庞然大物比起来，简直就是“小不点儿”。但是，这些“小不点儿”真的很好对付吗？

接下来，伴着隆隆的炮声，这场大战正式打响了。

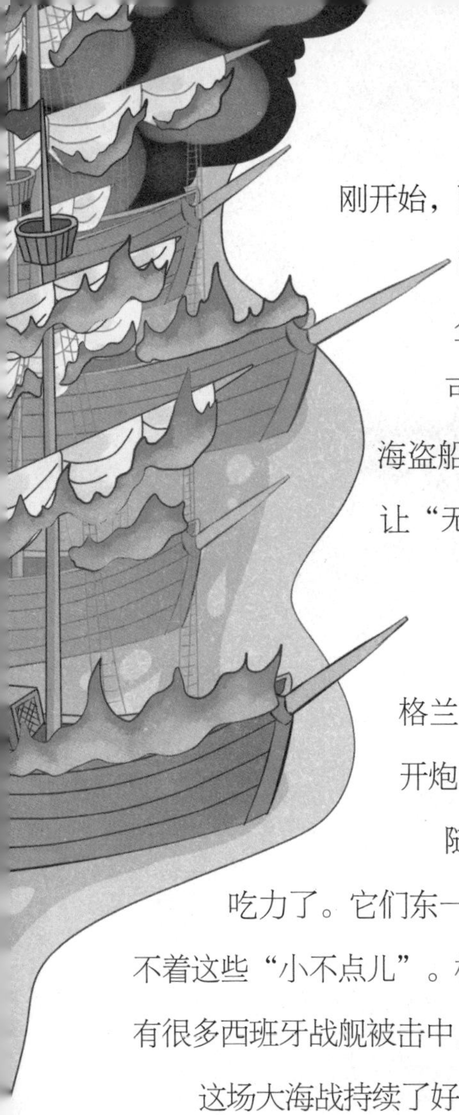

刚开始，西班牙人根本就没有把英格兰人放在眼里，“无敌舰队”的战舰开足马力，向英格兰战舰冲去，企图用自己庞大的身躯把对方撞个稀巴烂……

可是，小有小的好处，这些英格兰战舰很多都是海盗船改造的，非常灵活，它们左躲右闪，根本就不让“无敌舰队”的大船靠近。另外，英格兰战舰还有一个特点，就是它们的火炮不是装在甲板上，而是装在船身侧面的舷窗内侧。这样一来，英格兰战舰在灵活躲闪的同时，从船身的侧面也可以开炮。

随着战事越来越激烈，“无敌舰队”感到越来越吃力了。它们东一头、西一头地向英格兰舰队冲去，可是就是逮不着这些“小不点儿”。相反，英格兰战舰纷纷远程开炮，火力非常猛，有很多西班牙战舰被击中，着起大火，还有一些被击沉了……

这场大海战持续了好几天，最后，“无敌舰队”有些吃不消了，它们躲进了多佛尔海峡，想在那里等救兵。可是，英格兰人乘胜追击，他们在8只小船上装上沥青、油脂和柴草，趁着风势点燃后向“无敌舰队”驶去。这下可不得了了，风借火势，火借风威，“无敌舰队”的大船纷纷燃起了大火，在一片烈焰飞腾中，有的迅速沉没了，有的被大风刮得七零八落……

最后，西多尼亚公爵带着残兵败将，狼狈不堪地逃回了西班牙，威震一时的“无敌舰队”，几乎全军覆没。

就这样，英格兰人打破了“无敌舰队”的神话，把西班牙这个老牌帝国拉下了马。英格兰一跃成为新的海上强国，开始走上了称霸世界的道路。

第10期

“断头”国王查理一世

DUAN TOU GUO WANG CHA LI YI SHI

开始讲故事啦

英国新兴资产阶级茁壮成长，
由平民构成的工商业者的腰包渐渐鼓了起来。
代表旧势力的国王和贵族有些不爽了，
他们依靠手中的特权，抢夺这些平民的利益。
就这样，在新兴资产阶级和老派王公贵族之间，
有一股暗流在悄悄涌动，二者的矛盾越积越深……

英格兰人民通过议会做出了各种决议，
与高高在上的国王查理一世对抗着……
查理一世感觉到了人民的可怕，
他悄悄逃离了伦敦，在外地发动兵变，
企图用武力解散议会，维护自己的封建统治。
在国王发动战争后，一位名叫克伦威尔的英雄挺身而出，
在他的带领下，英格兰人民最终俘虏了国王，
并把这位暴君送上了断头台。

哼，我是高贵的国王，
你们凭什么把我送上断头台！

你是暴君！
嗯？

啊？
你是叛徒！

你是杀人犯！
我……
我……

你……
你……
你是人民公敌！

呜呜呜，看来
我死定了！

越积越深的阶级矛盾

在击败西班牙“无敌舰队”后，英格兰坐上了“海上霸主”的宝座。现在，让我们继续“聚焦”英格兰，看看接下来，那里又发生了哪些历史事件。

17世纪初期，英国资本主义经济的发展，那真叫如火如荼——毛纺织业成为当时英国最发达的产业，在采煤、冶炼金属等方面，英国也建立了许多大规模的手工工场。另外，肥皂、纸张、玻璃等新兴工业也蒸蒸日上。总之，新兴的资产阶级，腰包大大地鼓起来了！

有人赚钱，自然就会有人眼红。看着“年轻”的资产阶级的小日子越过越红火，英格兰的贵族们开始“吃醋”了，他们不开心地想：哼，这些平民赚了这么多钱，这让我们贵族的脸面往哪儿搁呀，不行，一定得想想办法！

很快，贵族们的歪点子就想出来了。他们通过英国政府颁布了一条法令——肥皂、纸张、玻璃等几百种商品，只能由王室专营，普通人不能经营买卖！

这一下，新兴的工商业者傻眼了，好好的生意，只能由王室做，不准平民做，这算什么道理嘛！你们想想，这样一来，新兴资产阶级和王室贵族之间，怎么可能没有矛盾呢？

接下来，又发生了一件大事——苏格兰人民爆发了反抗英国王室的大起义！

苏格兰人民为什么要造反呢？原来，这都是被逼的！

当时，英国的统治者，是历史上著名的，哦不，是历史上臭名昭著的国王查理一世。这家伙是个霸道的独裁者，他闲着没事干，就颁布了一条法令，逼着苏格兰人放弃自己原来的宗教信仰，改信英国的国教。这招来了苏格兰人民的不满，他们为了捍卫自己的信仰，只好起来反抗！

查理一世看到苏格兰人民竟然敢不听他的话，自然很火大。他一拍大腿——调兵，给我镇压！

调动军队镇压起义，自然要花费大笔的军费。钱从哪儿来？当然是靠剥削普通民众啊！查理一世宣布，收税，多多收税，筹集军费！

这样一来，英格兰人民也不干了——有油水的生意不让我们做，还要变本加厉地来收税，这日子还让不让人过了！

于是，在英国封建贵族和新兴资产阶级之间积累了很久的矛盾，终于被激化了！一石激起千层浪，接下来，暴风骤雨般的大事件接踵而至！

国王逃跑啦

查理一世的贪婪和无耻引发了众怒，人们纷纷强烈地声讨他。面对强大的舆论压力，查理一世也有点儿坐不住了，迫不得已，在1640年11月，他宣布召开议会，和议员们共商国是。

在这次议会上，议员们提出了三条强有力的要求：

一、不同意国王征收军费的诏令！

二、逮捕国王的两名狗腿子——大臣斯特拉福和大主教洛德！

三、议会是长期议会，不允许国王随意解散！

“太棒了！”

“赞成！”

……

这三条决议一提出，马上得到了人民群众的强烈支持！

可是，这三条决议，条条都像锋利的刀子，捅到了查理一世的心窝里。他十分恼火，脸上的表情阴晴不定，暗暗打起了阴险的主意……

1641年3月，议会通过决议，正式采取行动，逮捕了国王的亲信，并判处他们死刑。事情发生的第二天，查理一世气势汹汹地来到了议会大厦。

“凭什么要杀死我的亲信，我告诉你们，这不可能，我命令你们马上放人！”查理一世冲议员们怒吼道。

“对于罪不可赦的人，必须处死！”议员们据理力争，和国王抗辩着。

国王刚要发火，可是这时候，议会大厦前蜂拥而来的成千上万的市民都振臂高呼——支持议会！支持议会！

听着人民群众排山倒海般的呼声，国王胆怯了，他没有再说什么，脸色难看地离开了。

当晚，查理一世写了密信，派人连夜赶往北方的约克郡，命令当地的驻军司令带兵赶往伦敦，想用武力强行解散议会。

但是，查理一世的阴谋并没有得逞。信使还没出伦敦，就被市民们抓获了。国王的密信被公开了。这下，市民们愤怒了，大家群情激昂地举行了示威游行，并且包围了王宫，强烈要求国王处死他的亲信。

面对这种局面，查理一世不得不低下了头，被迫在死刑书上签了字。

可是，查理一世又岂肯善罢甘休！

经过几天的精心策划，他带领400名武装士兵冲进了议会，企图逮捕那些反对他的议员。但是，就在这时，伦敦城内敲响了雷鸣般的警钟，市民们得到消息后，纷纷抄起家伙，一同来对抗国王，保护议会。

接二连三的阴谋都没有得逞，查理一世终于体会到了人民的力量是多么强大。他害怕了，并意识到，在伦敦他已经被孤立了。

于是，在一天深夜，查理一世带着侍从，悄悄离开了王宫，离开了伦敦城。

第二天，伦敦城的大街小巷都传开了——国王逃跑啦！国王逃跑啦！

那么，查理一世去了哪里呢？他究竟要干什么呢？

国王被押上了断头台

查理一世离开伦敦后，来到了英格兰的北部。这家伙当然不肯向议会认输，他从王宫出逃，是为了去外面寻求支持者。

瘦死的骆驼比马大，国王毕竟是国王，他振臂一呼，那还是很管用的。很快，查理一世就集结了一支部队。1642年8月22日，查理一世在诺丁汉举起王旗，向议会宣战。

战争打响后，由于准备不足，议会军连连败北，国王的王军一路高歌猛进，一直打到了离伦敦很近的牛津。眼看国王就要打进伦敦城了，这可怎么办呢？

在电影里，每到危急关头，英雄就出现了，在历史上也经常如此哟！就在查理一世得意扬扬的时候，一位大英雄出现了！

这位大英雄叫克伦威尔，是一位乡绅的儿子。他带着一支自己招募的由60名农民组成的骑兵，加入了议会军。

千万不要小看这支农民军，他们作战非常英勇，战斗力极强。随着他们打的胜仗越来越多，这支队伍也不断壮大，人数越来越多。克伦威尔成为这支军队的铁血统帅，他的部队也获得了一个光荣的称号——“铁骑军”！

既然大英雄克伦威尔出现了，那大魔头查理一世就要倒霉喽！1645年6月14日，议会军和王军在英格兰中部展开了一场大决战。在这场战役中，铁骑军大获全胜，国王的军队被彻底击溃了。查理一世见势不妙，撒丫子就跑，最后，他化装成一个仆人，才狼狈不堪地逃到了苏格兰。

接下来发生的事情更加一波三折。首先，英格兰议会花费了40万英镑，把国王从苏格兰赎买了回来，并且囚禁了他。后来，不死心的查理一世，居然又逃了出来，再次逃到苏格兰，企图发动第二次武装叛乱。克伦威尔又一次站了出来，他率兵攻占了苏格兰首都爱丁堡，再一次将查理一世抓获。

这次，查理一世真的是在劫难逃了。英格兰议会组成了一个高级法庭，对这位国王进行审判。最后，法庭宣布，查理一世是一名暴君、叛徒、杀人犯和人民公敌，判处他死刑。

就这样，在1649年的1月30日，查理一世被押上了断头台，他那颗曾经戴着王冠的头颅被刽子手砍了下来……

这次事件，是英国资产阶级革命的伟大成果，从此，欧洲历史揭开了新的一页。

没有流血的"光荣革命"

MEI YOU LIU XUE DE GUANG RONG GE MING

开始讲故事啦

查理一世被送上断头台后，英国没有了国王。
不过，随着克伦威尔的威望越来越高，
他的野心也开始膨胀起来……
最后，克伦威尔成了英国的“护国主”，
实际上，他成了新的独裁者，不是国王，胜似国王。

克伦威尔死后，英国政局风云变幻——
查理一世的儿子回国复辟，成了查理二世，
查理二世死后，他的弟弟詹姆斯二世又登台上位，
一时间，英国又被国王和旧贵族搞得乌烟瘴气……
最后，荷兰的威廉亲王和他的妻子玛丽来到了英国，
他们被拥戴为英国国王和女王。
这次事件，就是历史上非常著名的“光荣革命”，
从此，英国走上了君主立宪的道路，变得越来越强大了。

好无聊，老婆，有没有什么好玩的事可以做？
亲爱的，我也好无聊啊！

什么？还有这等好事？
报告亲王，有人邀请您去英国做国王！

老婆，快去请搬家公司！
好的，咱们这就收拾行李去英国！

啦啦啦，去英国当国王和女王喽！

不是国王的国王

查理一世被送上了断头台，英国人民欢欣鼓舞。可是，问题来了——长期以来，英国一直都是一个封建君主制的国家，现在突然没有了国王，下一步该怎么办?

最后，人们做出了一个大胆的决定——哼，既然国王死了，那我们索性就不要国王了，我们要自己当家做主!

于是，英国成了一个共和制国家。

在没有国王的日子里，英国最德高望重的人物，就是那位打败了查理一世的大将军克伦威尔。

这一时期的克伦威尔，那可真是威风八面哪。国王死后，他又带兵打败了很多叛乱者，稳定了英国的局势，让国家变得更加强大起来。

可是，日子久了，这位大英雄开始有些骄傲了，他暗想：哼，现在，我立了这么多大功，是大家最尊敬的人物。既然国王的宝座是空的，那么，我去坐一坐，过一把当君王的瘾，又有什么不可以呢?

就这样，克伦威尔生出了当国王的念头。于是，他召集自己手下的军官和一些议员，表面上，让大家讨论英国究竟实行共和制好还是君主制好，实际上，他是想让大家推举他当国王。

可是，大家并没有领会到克伦威尔的用意，很多人并没有买他的账。

最后，克伦威尔生气了，他心想，哼，看来说别的都没用，还是要靠武力解决啊，谁胳膊粗、拳头硬，谁才是老大！

于是，1653年4月20日，克伦威尔带着几十名全副武装的士兵，公然宣布解散议会。到此为止，1640年11月上任的这届议会，总共存在了13年。这届议会，在历史上被称为“长期议会”。

接下来，在克伦威尔的授意下，英国又组建了新的议会，后来由于克伦威尔不满意，议会再次被解散了。

最后，在没有议会的情况下，克伦威尔的军政府出台了一份《施政文件》。这份文件宣布，克伦威尔成为英国的终身制“护国主”，英国的一切大事，都要经过“护国主”的批准才能生效。说白了，“护国主”就是英国的老大，是实际上的独裁者。

后来，克伦威尔又通过各种手段，宣布“护国主”是世袭的。大家想想，“护国主”本来就是独裁者，又可以世袭，这跟“父传子，家天下”的君主已经没有什么区别了。所以，克伦威尔从此成了“不是国王的国王”。从那之后，他独裁统治英国达5年之久。

查理二世复辟了

历史的指针一刻不停地转动着，成为“护国主”的克伦威尔，在当了几年独裁者之后，病逝了。

按照“护国主”可以世袭的规定，克伦威尔的儿子接了老爸的班，成为英国新的统治者。

不过，虽然老爸很厉害，但儿子却不是很成器。这个小克伦威尔是个公子哥，绣花枕头一个，没有什么才能。所以，大家越来越不买他的账。最后，迫于无奈，小克伦威尔只得辞去了世袭的“护国主”之位，灰溜溜地把权力交了出来。

这样一来，没有了国王，也没有了护国主，英国又变得群龙无首了。在这种局面下，原来拥护老国王查理一世的保王派势力，又开始不安分起来……

这时，英军驻苏格兰部队的司令蒙克趁机带兵进入伦敦，凭着自己手中的枪杆子，他组建了新一届议会。这届议会，主要由拥护老国王查理一世的贵族组成。

这帮人一上台，英国的政局马上风云突变。最后，他们竟然把流亡在法国的查理一世的儿子接了回来，拥护他做了英国的国王。这位新国王，史称查理二世。

查理二世复辟上台后，马上开始了清算。这很好理解嘛，你们想想，人家老爸被送上了断头台，如今查理二世当了国王，肯定要找那些仇人报仇嘛！

这样一来，原来拥护克伦威尔的那帮人都倒了大霉，很多人在这场政治清算中被杀死了。对克伦威尔，查理二世那真是恨得牙痒痒。虽然当时克伦威尔已经死了，可查理二世还是觉得不解恨，他命人挖开克伦威尔的坟墓，把尸体吊在绞刑架上，接着又把尸体的头颅砍下来，挂在威斯敏特宫前示众……

接着，查理二世又开始了各种倒行逆施的行为，他勾结法国的封建势力，在英国实行严酷的封建统治。查理二世干的坏事，简直太多了，比如，他维护贵族统治，疯狂打击新兴的英国资产阶级；比如，他干涉人们的信仰自由，要求人们只能信仰天主教……

总之，这个查理二世完全在开历史的倒车，把英国弄了个乌烟瘴气……

查理二世死后，他的弟弟詹姆斯二世继承了王位。这位詹姆斯二世不比他哥哥好到哪儿去，甚至还更过分。所以，在他的统治下，英国人民继续生活在水深火热之中……

那么，接下来又会发生什么事情呢？难道，英国资产阶级革命的成果，就要被重新上台的旧势力给毁掉了吗？

威廉玛丽夫妇入主英国

1688年盛夏里的一天，一艘来自英国的商船，在荷兰的港口靠岸了。然后，一个海员行色匆匆地离开码头，消失在喧闹的人群中……

不久，在荷兰的王宫，威廉亲王得到报告，有一位陌生人求见。这位陌生人，就是那位神秘的“海员”。

带着满腹狐疑，威廉亲王接见了他。只见这位海员拿出一封密信，交给了威廉亲王。

威廉打开这封信后，大吃了一惊。原来，这竟是一封来自英国的邀请书，而眼前这位乔装打扮成海员的神秘人物，竟是英国海军大将赫伯特！

亮出自己的真实身份后，赫伯特说：“亲王殿下，现在英国已经被弄得乌烟瘴气了，为了英国的国家安全和法治，特恳请您率兵赶往伦敦，取代国王詹姆斯二世。我们都支持您做英国之主，主持英国的国政！”

在这封密信的下面，是几位英国当权大臣的联合签名。

说到这里，可能你们心中会有疑问——欧洲的王公贵族那么多，为什么英国人偏偏要跑到荷兰找这位威廉亲王出头呢？

原来，这位威廉亲王可不是外人，他的妻子玛丽是英王詹姆斯二世的女儿，也就是说，威廉可是詹姆斯二世的女婿哟！

去英国当老大，这当然很有诱惑力啦，威廉自然不会放过这样的好机会。所以，在1688年的11月，威廉率大军气势汹汹地在英格兰登陆了。这个时候，詹姆斯二世由于自己的糟糕统治，早已失去了民心，没有什么人愿意帮他。所以，威廉几乎兵不血刃，就率军进入了伦敦。

不过，在进军伦敦的途中，威廉有意放走了逃亡的詹姆斯二世，对自己的岳父网开一面。詹姆斯二世像一条漏网之鱼，匆匆逃到了法国，从此再也没有什么权力了。

1689年2月6日，英国贵族与议员们通过协商，公开宣布，由威廉和玛丽作为英国国王和女王，共同统治英国。

半个月后，威廉和玛丽举行了加冕典礼。在加冕典礼这一天，英国议会隆重出台了一份《权利宣言》，在这份宣言中，规定了很多大英帝国的基本国策，维护了资产阶级和新贵族的利益，限制了国王的权力。后来，这份《权利宣言》又被称为《权利法案》，《权利法案》是英国历史乃至世界历史上非常重要的政治文献，它的影响力一直持续到今天。

从此，英国成为世界上第一个有君王，但君王的权力却受到议会和法律制约的国家。这样的政治制度，被称为君主立宪制。威廉、玛丽夫妇在没有发生流血战争的情况下，成功入主英国，这就是历史上非常著名的“光荣革命”。“光荣革命”之后，英国的面貌焕然一新，逐渐走上了世界强国之路。

第12期

“近代科学之父”牛顿

JIN DAI KE XUE ZHI FU NIU DUN

开始讲故事啦

17世纪，英国诞生了一位伟大的科学家，
他就是妇孺皆知的艾萨克·牛顿。
童年时期的牛顿，资质平平，
并不是人们眼中的“神童”。
但是，牛顿从小就有爱思考、勤动手的习惯，
这可是成为一名科学家最为宝贵的品质哟！

长大后，牛顿进入著名学府剑桥大学进行深造，
在那里，他成了一名青年学者。
有一年，他为了躲避瘟疫，回到了乡下老家。
于是，奇迹就在那一年发生了——
一个苹果砸到了他的头上，给他“开了光”，
他因此发现了万有引力定律！
牛顿的一生，有很多奇闻逸事，
比如，他打了一辈子光棍，终生未娶；
比如，作为一名科学家，他居然相信万能的上帝……

今天，我来申请万有引力定律的专利权！
好的！

今天，我来申请物体运动三定律的专利权！
好的！

今天，我来申请微积分理论的专利权！
好的！

呃，怎么天天都是你！
今天……

嘿嘿，谁让我这么聪明嘛！
呃，这家伙真自恋……

奇异的风车

在前面我们讲到了断头国王查理一世，讲到了护国主克伦威尔，也讲到了英国的“光荣革命”。确实，在17世纪，英国成了新时代的“弄潮儿”，在世界历史进程中爆发出了耀眼的光辉。

不过，在这一时期，英国可不仅仅在政治上风云变幻，大事件频出，在自然科学领域，英国也为人类贡献出了一位泰山北斗级的巨人。这位科学巨人，就是大名鼎鼎的物理学家牛顿。来吧，现在，就让我们再次赶往17世纪的英国，去看看在大科学家牛顿的一生中都发生了哪些有趣的事。

1642年的圣诞节前夜，在英国林肯郡一个农民家庭里，牛顿诞生了。牛顿是一个早产儿，刚出生时，母亲看着这个小可怜，很担心他活不下来。

更不幸的是，刚刚出生的小牛顿，已经不可能见到自己的父亲了，因为父亲在他出生前3个月就去世了。邻居们看着这对苦命的母子，都不免掉几滴同情的眼泪，叹息一声：唉，难哪！

牛顿两岁时，母亲迫于生计，只得改嫁他人，牛顿从此便由外祖母抚养。11岁时，母亲的后夫去世，牛顿才又回到她的身边。

12岁时，牛顿进入中学。少年时代的牛顿，并不是什么神童，他资质一般，学习成绩平平。不过，这个看起来普普通通的孩子，却也有一些不同常人的地方，比如他特别喜欢读书，而且特别喜欢动手做一些奇奇怪怪的小玩意，像什么水漏啦，木钟啦，提灯啦，他都能做得精巧而别致……

有一次，牛顿看见了小镇上的风车，他马上就来了兴趣。他发现，只要风一吹动，风车就会转动，然后风车转动的力量就会带动一个大磨盘跟着转，这样就能磨出面粉来，大大节省了人力。牛顿突然想到一个问题——如果没有了风，那风车还怎么转呢？

于是，牛顿照着大风车的样子，自己做了一架小风车。不过，牛顿的这架小风车的动力来源，不是风，而是动物。他调皮地把一只小老鼠绑在风车的踏板上，又在小老鼠前方差一点点却怎么也够不到的地方放上一点食物，这样一来，小老鼠为了够到那一点食物，就不停地跑动，不停地踩动踏板，小风车便不停地转动起来了。

童年时期的生活，总是无忧无虑的，牛顿就这样怀着天真与幻想，一天天成长着……爱动手、勤动脑的习惯，不正是一位科学家最最可贵的品质吗？

都是苹果惹的“祸”

日子一天天过去，牛顿渐渐长成了一位身材挺拔的青年，19岁那年，他进入剑桥大学，开始了青春时期的求学之旅。

剑桥大学是举世闻名的高等学府，学术氛围非常浓厚，这里的人们都满怀追求科学和真理的崇高理想。来到这样的象牙塔中，牛顿就像进了天堂一样，他拼命地呼吸着这里的新鲜空气，把自己的一腔热情，全部投入到了自然科学的辽阔世界里……

几年之后，剑桥大学授予牛顿学士学位，他成了一名青年学者，并且开始给一位老教授当助手。就在牛顿准备留校继续深造时，一个坏消息传来了——剑桥大学要闭校了！

好好的大学，为什么要关闭呢？原来，在这个时候，伦敦城突然爆发了大规模的鼠疫。孩子们，在前面的章节中，我们不止一次提到，鼠疫又叫黑死病，非常可怕，简直就是死神的代名词。所以，为了师生们的安全，剑桥大学只好暂时封校，让广大师生出去避难。

不得已，牛顿离开了伦敦，回到了乡下的老家。

和大城市的喧嚣比起来，乡村生活倒也别有一番悠闲与惬意。在这段安宁的时光里，牛顿继续读书、思考，畅游在自己的精神世界里……

那是一个午后，牛顿坐在院子里的苹果树下读书。读累了，他不知不觉间就靠在椅子上睡着了。这时，突然有一个熟透的苹果掉了下来，不偏不倚地砸在了牛顿的脑袋上。牛顿被砸醒了。

按说，苹果熟透掉落，这是再正常不过的自然现象了，没有人会特别在意。但是，牛顿揉了揉脑袋后，突然眼前一亮，陷入了深深的思考中。

他在想什么呢？说出来你可能会笑掉大牙——牛顿在想，咦，苹果为什么会掉在地上呢？它怎么不往天上飞呢？

孩子们，请不要觉得咱们的大科学家牛顿很傻很天真，竟然会去思考这么无厘头的问题。其实，在我们的生活中，那些看似自然而然的现象，往往蕴藏了大自然的奥秘。优秀的科学家，总会保有一颗好奇之心，对一切都问一个为什么。

苹果的落地引发了牛顿的思考，最终，他找到了问题的答案——原来，万物之间都有引力存在。苹果之所以会落地，是因为它受到了地球引力的缘故！

后来，牛顿进一步完善自己的思考，最终提出了改变人类历史进程的重要物理学定律——万有引力定律。

咦，科学巨匠怎么会迷恋神学呢

如果我们打开牛顿的生平大事记录表，会发现一个有趣的现象——这位拥有非凡才华的大科学家，竟然孤独一生，终生未娶！

为什么会这样呢？难道牛顿长得太难看？或者他清贫一生娶不起白富美？

其实都不是。牛顿有很多画像流传于世，大家如果看一看，就会发现，牛顿挺英俊的，一点儿都不丑。牛顿作为那个时代最优秀的科学家，社会地位很高，他的生活很富足，一点儿也不缺钱花。

既然如此，牛顿为何终身未娶呢？这是因为牛顿这位科学巨人，太专注于科学研究了。他把一生中所有的精力，都献给了自己热爱的科学事业。

其实，牛顿年轻时，也曾经期盼过爱情的来临。比如，有一次，他遇见了一位美丽的姑娘，

牛顿觉得她温柔美丽，知书达理，便生出了爱慕之心。两人约会时，牛顿握住那位姑娘的手，准备说出一番赞美之词，可是，就在这时，他的脑海里突然冒出了一个数学公式，结果，这位可爱的科学家，在求爱的关键时刻掉链子了——他只顾出神地去想那个数学公式，竟然误把那位姑娘的手指当成了铁条，不知不觉地用人家的手指捅起烟斗来……最后的结果不用说大家也知道，这个“书呆子”的求爱被无情地拒绝了……

终生未娶不算什么大缺点，仅仅是牛顿个人生活中的一个遗憾而已。但是，在牛顿身上，还发生过一件事，一直以来都被人们批评，被认为是牛顿一生中最大的“污点”。这件事就是牛顿晚年迷恋上了神学，开始到处鼓吹万能的上帝。

你们可能觉得惊讶——像牛顿这样伟大的科学家，怎

么会迷恋神学呢？这不是很矛盾、很荒唐吗？

为了让大家搞明白牛顿的想法，咱们现在先来提一些问题，然后，大家可能就会理解牛顿了。

第一个问题来了——为什么苹果会落地？你可能会觉得，这很简单嘛，前面已经讲过了，因为有万有引力呗，苹果是因为地球的引力才落到地上的。那么好，再听第二个问题——为什么万物之间会有引力？为什么，请回答！

恐怕大家都回答不上来了吧？对，牛顿也是这样想的，作为一名科学家，他发现了这些自然规律的存在，可是，为什么会存在这些规律呢？牛顿给不出解释了，所以，他最终把这世界的源头，归结为万能的上帝。

其实，牛顿的疑问，直到今天，也没有人能够给出答案。我们可以这样说，因为宇宙是无限的，知识也是没有尽头的，所以，我们人类只能一步一步来，而不可能去直接获知那个终极答案。

所以，对于牛顿，以及许许多多的历史人物，我们都应该尽量站在他们所处的历史环境中，去理解他们的想法和行为，并对他们报以一种理解之同情。

1727年，一代伟人牛顿病逝，英国为他举行了隆重的国葬，他的灵柩被保存在伦敦威斯敏斯特大教堂中。

第一次工业革命呼啸而来

DI YI CI GONG YE GE MING HU XIAO ER LAI

开始讲故事啦

一位名叫哈格里夫斯的普通工人，
回家时不小心踢倒了家里的纺纱机。
哪料到，他这一踢，竟然因祸得福，
“踢”出了世界上第一台“珍妮机”！
瓦特是一位普通的修理工，
一次偶然的机会，他生出了改良蒸汽机的想法。
谁也没想到，他这一改，
竟然催生了人类历史上一次非常重要的能源革命！

接下来，还是工人的故事，
煤矿工人出身的史蒂文森，
装配出了世界上第一列成功运行的火车。
这一系列的创新和变革，
让人类历史进入了全新的工业化时代。
听啊，那呼啸而来的大机器之声，
那是第一次工业革命的时代最强音！

“给我来一张！”
“给我来一张！”……
卖报啦！头条新闻，“珍妮机”问世了！

“给我来一张！”
“给我来一张！”……
卖报啦！头条新闻，蒸汽机问世了！

“给我来一张！”
“给我来一张！”……
卖报啦！头条新闻，火车问世了！

嘿嘿，好开心呀！工业革命新闻多，每天都赚这么多钱！

一脚踢出了“珍妮机”

“光荣革命”之后，资产阶级统治在英国确立下来。之后，得益于海外贸易和殖民掠夺，英国又积累了大量的原始资本。就这样，历史的航船不断地向前行进着，而一场影响人类历史发展进程的大变革，也在悄悄酝酿着……

故事的开始，让我们把镜头切换到英国的兰开郡——在这里，有一位名叫哈格里夫斯的中年男人。他是一位普通的纺织工人，每天除了在工场做工，就是下班回家吃饭、睡觉，过着再平凡不过的生活……

1764年的一个黄昏，和往常一样，哈格里夫斯结束了一天的工作，下班回家了。他很累，也很饿，所以，当走到家门口时，他有些不耐烦地一脚踢开了门，他想赶快吃一口热饭，然后美美地睡上一觉……

可是，意外发生了，他这鲁莽的一脚，正好踢倒了门后的一架纺纱机。哈格里夫斯有些懊悔，他的第一个反应是赶快把这架纺纱机扶起来。

就在这时，哈格里夫斯突然愣住了——他发现，被踢倒的纺纱机还在转，只不过原来横着的纱锭，现在变成直立的了……

突然，一个大胆的念头在他脑海里冒了出来，哈格里夫斯一下子兴奋了——如果把几个纱锭都直立着排列，用一个纺轮带动，那不是可以一下子纺出更多的纱了吗？

哈格里夫斯赶快喊来自己的妻子珍妮，把这个大胆的想法告诉了她。珍妮也十分兴奋，鼓励他把想法转化为现实。于是，在经过一番研究与设计后，哈格里夫斯在第二年就造出了一台新式纺纱机。这台新式纺纱机，由一个纺轮带动8个竖直纱锭，一下子把工作效率提高了8倍！

为了纪念自己深爱的妻子，哈格里夫斯给这台机器取名为“珍妮机”。

不过，一开始，“珍妮机”却给哈格里夫斯夫妇带来了厄运——原来，英国当时的棉纺业非常繁荣，很多家庭都在拼命纺纱赚钱。“珍妮机”的出现，使得纺纱的效率大大提高，棉纱一多，就变得没有原来那么值钱了。而那些没有使用“珍妮机”的家庭，收入大大减少了。所以，这些人就对哈格里夫斯夫妇充满了嫉妒和仇恨。最后，这些人合起伙来，点燃了哈格里夫斯的房屋，还把他们夫妇赶出了兰开郡。

但是，流落他乡的哈格里夫斯夫妇并没有轻易放弃，他们继续努力改进“珍妮机”。1768年，哈格里夫斯终于获得了“珍妮机”的专利；1784年，“珍妮机”已经增加到80个纱锭了，也就是说，工作效率比原来提高了80倍！几年之后，英国已经有两万台“珍妮机”了……

从此，英国的纺织业告别了家庭作坊式的生产方式，大规模的机器化纺织厂开始出现。

瓦特改良了蒸汽机

在英国，一个小男孩正守在炉子旁，呆呆地看着炉子上煮水的水壶。水快烧开了，热气呼呼直冒……

“詹姆斯，我从来没见过你这样的孩子，这破水壶有什么好看的，你都盯了半个小时了！你就不能看看书或者干点儿别的什么吗？”小男孩的姑妈一边做家务，一边唠唠叨叨地责备道。

小男孩醒过神来，冲姑妈做了一个淘气的鬼脸，跑开了。

这位姑妈大概万万没想到，这位名叫詹姆斯·瓦特的小男孩，一生中做过的最有意义的事，就和这沸腾的水蒸气有关。

接下来，我们就来讲讲这位詹姆斯·瓦特的故事。

小时候，瓦特学习非常优秀，他爱读书，爱思考，爱动手做各种小模型。可是，在他17岁那年，他的父亲因一次轮船失事而破产，家里的光景一落千丈。家里没有钱，热爱学习的瓦特因此不可能去上大学了。

没办法，瓦特只得去当学徒工，做各种杂活，靠手艺养活自己，补贴家用。

尽管每天干着繁重的杂活，瓦特却没有停止学习。他对知识依然是那么渴望。在做工匠的日子里，他读了很多有关机械装置的书籍，还认真研究了各种复杂的仪器。渐渐地，他成了一个修理高手。不管机器出现了什么疑难问题，他都能凭借自己丰富的知识和精湛的手艺把它们修好。后来，他被格拉斯哥大学实验室聘为仪器修理工，很多来这里做实验的科学家都很欣赏这个聪明的修理工。日子久了，瓦特和很多科学家成了好朋友。

当时，一位名叫纽可门的铁匠发明了一种“纽可门式蒸汽机”。但是，由于做工粗糙，这种蒸汽机的应用范围很窄，作用不是很大。有一次，瓦特接到了学校委派的一个任务——修理一台纽可门蒸汽机。

这对聪明伶俐的瓦特来说，简直是小事一桩，很快，机器就被修好了。可是，在修理机器的过程中，爱动脑筋的瓦特想——这种蒸汽机笨笨的，工作效率一点儿也不高，这多耽误事呀。如果想个办法把它改良一番，那不是更好吗？

说干就干，在以后的日子里，瓦特抽出大量的时间，开始研究蒸汽机的改良。

蒸汽机的结构改良涉及很多复杂的仪器装置和机械原理，说多了大家也不一定能搞明白，如果大家感兴趣的话，可以找这方面的专业书籍来读，在这里我们就不多说了。总之，一句话，经过一番实验后，瓦特改良的新式蒸汽机面世了！

改良后的蒸汽机，成了各种大机器的动力源泉，大大提高了人类的工作效率。大家想想，千百年来，人们只知道肌肉力（人力、畜力）和自然力（风力等）可以作为动力，但是，瓦特的蒸汽机，使得化石能源成了一种新的重要动力来源，这是人类历史上一次重大的能源改革。

世界上第一列火车试运行成功了

1799年的一天，英国一所煤矿职工子弟学校像往常一样上课了。不过，今天的课堂看起来有些不同，因为班里来了一位新生，和其他七八岁的孩子比起来，这位新生已经是一位17岁的小伙子了。

这位大龄新生，名叫乔治·史蒂文森。他出生在一个煤矿工人之家，由于家境贫寒，他14岁就开始在煤矿上干活了。一直到了17岁，他还是一名文盲。不过，史蒂文森的心中一直埋藏着对知识的渴望。所以，当有机会进入学校学习时，史蒂文森比任何人都更懂得珍惜。

事实证明，如果一个人想通过努力改变自己的命运，那任何时候都不晚。史蒂文森聪明又勤奋，很快，他就读完了学校的课程。后来，他继续在煤矿上工作，并且成为一名工程师。

那时候，蒸汽机车已经出现了，煤矿上也出现了铁路。不过，当时的蒸汽机车只是用来运输煤炭的，并没有其他的用途。看到这种情景，史蒂文森就想——蒸汽机车既然可以拉煤，为什么不能用来拉人呢?

这个大胆的想法让史蒂文森兴奋不已。于是，他开始夜以继日地投入到思考和研究中……

1814年，史蒂文森装配出了世界上第一辆有实用价值的蒸汽火车头。不过，这辆火车开动后，响声很大，把四周的牛马都吓得四散奔逃，而且车身上的烟囱火星乱冒，随时会有引发火灾的危险。围观的人都嘲笑史蒂文森，并且扬言要砸毁他的火车。

不过，史蒂文森并没有灰心，从那以后，他更加刻苦地改良火车的装置。1825年，史蒂文森设计出了一列全新的火车。这列火车名为“旅行者”号，有三十多节车厢，运行稳定，装备精良，马力十足。在“旅行者”号试通车成功后，现场的所有人都爆发出了山呼海啸般的掌声——这可是世界上第一列成功运行的火车哟！

从“旅行者”号开始，火车渐渐取代了马车，成为全新的陆上交通工具，人类的历史进程，大大地“提速”了！

现在，让我们来回顾一下前面的故事吧。“珍妮机”的出现，拉开了机器化大生产的序幕；瓦特改良蒸汽机，为工业化生产奠定了坚实的基础和动力源泉；火车的出现，是工业化日趋成熟的标志。

在那样一个蒸蒸日上的时代中，工业革命首先在英国兴起，并逐渐扩散到欧美其他国家。就这样，在隆隆的机器声中，人类历史进入了一个新纪元——工业化时代来临了！这一时期的一系列创新和变革，共同构成了历史上著名的“第一次工业革命”。

第14期

自由理性之光绽放法兰西

ZI YOU LI XING ZHI GUANG ZHAN FANG FA LAN XI

开始讲故事啦

继文艺复兴之后，
欧洲又迎来了一次思想解放运动，
这就是起源于法国的启蒙运动。
在启蒙运动中，大师巨匠辈出——
伏尔泰、卢梭、孟德斯鸠、狄德罗……
每一个名字，
都在历史的天空中熠熠生辉……

今天，民主、自由的观念已经是最普世的价值观，
科学、理性的思想已经深入人心；
三权分立的学说已经是很多现代国家的立国之本……
但是，你知道吗？所有的这些观念，
都是在启蒙运动中孕育而出的。
大家想想，那是一个多么伟大的时代啊！

嘿，大家好，
我是伏尔泰！

嘿，大家好，
我是卢梭！

嘿，大家好，
我是孟德斯鸠！

嘿嘿，我们是“启蒙运动三剑客”哟！

呃，别忘了我呀，我是狄德罗哟！

嘿嘿，现在我们是“启蒙运动四大天王”哟！

对了，还有这位老弟呢！

法兰西最优秀的诗人

讲述了一系列英国的历史风云后，我们要暂时离开那里了。现在，我们一起渡过英吉利海峡，来到欧洲大陆，去看看英国的老邻居法国又出现了哪些历史巨星、发生了哪些铭刻史册的历史大事件。

1694年，在法国一个富裕的中产阶级家庭里，诞生了一个小男孩。这个孩子，就是日后享誉世界的大思想家伏尔泰。

伏尔泰的父亲是一名律师，他希望自己的宝贝儿子可以子承父业，将来做一名有着丰厚收入的律师。所以，伏尔泰中学毕业后，就被老爸送入了一所法科学校。

不过，伏尔泰更希望将来做一名诗人。所以，在法科学校时，他可算不上什么好学生，他经常不去听课。业余时间，伏尔泰经常写诗，他尤其喜欢写一些讽刺诗，用自己的机智幽默来抨击社会的丑恶。

毕业后，伏尔泰为法国驻荷兰大使当过秘书，还与一名美丽的姑娘坠入了爱河，他甚至打算和那位姑娘私奔。后来被老爸发现了，他才被迫回国。总之，早年的伏尔泰，和大多数文艺青年一样，有着桀骜不驯的性情，有过奋不顾身的爱情，也怀着心系国家、改造社会的理想和抱负……

1715年，伏尔泰因为写诗讽刺当时的摄政王奥尔良公爵，被流放到苏里。可是，作为一名有良心的知识分子，伏尔泰并没有因此而停下手中的笔。1717年，伏尔泰又因写诗讽刺王宫的腐败生活，被关进了巴黎的巴士底狱。

巴士底狱是巴黎最著名的监狱，也是令法国人谈之色变的人间地狱。但是，即使在那么艰难的环境里，伏尔泰依然笔耕不辍。被关在监狱的11个月里，伏尔泰写出了他的成名作《俄狄浦斯王》。这是一部著名的悲剧作品，在写这部剧本时，伏尔泰第一次用了“伏尔泰”这个笔名。

出狱后，《俄狄浦斯王》在巴黎公开演出，引起轰动，伏尔泰也因此获得了巨大的荣誉。从那时起，很多人称他为“法兰西最优秀的诗人”。

在那之后，伏尔泰的作品就像井喷一样，源源不断地发表出来。从文学到历史，从科学到哲学，简直无所不包，他用自己手中的笔，揭露了法国教会的虚伪，批判了愚昧落后的法国封建制度。渐渐地，伏尔泰成了当时享誉欧洲的大思想家，连普鲁士国王弗里德里希和俄国女皇叶卡捷琳娜，都以与他通信为荣……

伏尔泰去世后，法国人民在他的灵车上写了一行大字：他使人的理性飞速发展，他为我们的自由铺平了道路。

自由、平等、博爱

我们讲过，文艺复兴运动时期，欧洲涌现了很多大师巨匠，他们推动了世界历史上的一次重要思想解放运动。现在，我们谈到了大思想家伏尔泰，他的作品呼唤理性和自由，在欧洲引发了极大的追捧热潮，于是，一场新的思想解放运动开始了。这次思想解放运动，影响力一点儿也不亚于文艺复兴，是思想领域的又一次“大地震”。所以，这次思想解放运动，在历史上又被称为“启蒙运动”。

启蒙运动起源于法国，除了伏尔泰外，法国还诞生了很多巨星级的大思想家。下面，我们再来给大家介绍一位启蒙运动的代表人物，他就是著名的启蒙思想家卢梭。

1712年，卢梭出生于瑞士的日内瓦，他的祖辈是从法国流亡到瑞士的新教徒。虽然出生地不在法国，但是他一生的大部分时间都活动在法国，所以，卢梭一直都被认为是一名法国思想家。

卢梭的童年生活很悲惨，由于家境贫寒，他并没有受过正规的教育。少年时代，为了生计，卢梭当过学徒、杂役、家庭书记和流浪歌手，饱尝生活的苦难。但是，卢梭从没有忘记学习，他一直刻苦自学，并对流浪生活中所遇见的各种社会现象进行思考。他非常喜欢伏尔泰的书，并把伏尔泰作为自己的精神导师。

1749年，37岁的卢梭偶然看到了法国第戎科学院的征文大赛公告，刹那间，他灵感迸发，随即便写了一篇名为《论人类不平等的起源》的文章。这篇文章荣获这次征文大赛的一等奖，卢梭从此一举成名。

之后，卢梭又写出了他一生中非常重要的一部名著——《社会契约论》。在卢梭的多部作品中，他都坚定地提出，一切权力应该属于人民，当权者如果用权力来剥削压迫人民，那么人们就有权力起义，用暴力来推翻这不合理的统治。

后来，人们把卢梭的思想总结为自由、平等、博爱，他的思想对世界各国的资产阶级革命运动都产生了深刻的影响。

1778年，卢梭病逝。他是法国18世纪伟大的启蒙思想家、哲学家、教育家和文学家。如今，他的灵柩被安放在法国的“先贤祠”，与伏尔泰的灵柩“比邻而居”，供后人缅怀和瞻仰。

法国也有一位“孟子”

不要停，不要停，启蒙运动中大师辈出，咱们还要“喋喋不休”地讲下去呢！

有人开玩笑说，咱们中国有很多伟大的思想家，像孔子、孟子、老子、庄子，等等。在法国，也有一位大思想家，他可以算作法国的“孟子”。这位法国的“孟子”，就是孟德斯鸠。

孟德斯鸠的童年，可比卢梭幸福多了。1689年，他出生在法国波尔多一个贵族家庭中，从小过着衣食无忧的生活，受过良好的教育。长大后，他做了波尔多法院的院长，还获得了男爵的封号。

孟德斯鸠一生中发表了很多著作，是当时法国最重要的思想大师之一。孟德斯鸠最杰出的贡献，就是他在前人思想的基础上，明确提出了“三权分立”的学说。

大家知道，在封建时代，大权都握在国王手中，不管什么事，都是他一个人说了算，这就是集权统治。但是，孟德斯鸠认为，国家权力不应该集中在一个人手中，而应该被分配给不同的机构或个人。他把一个国家最重要的权力分成三种：司法权、行政权和立法权。孟德斯鸠认为，把国家权力分配给不同的权力主体，各个主体独立运行，才能保证公平和正义，才能避免产生独裁者。

为了让大家能够明白三权分立的作用，咱们来举个小例子吧——

比如，有三个小朋友，一个人负责管钱，一个人负责给大家出主意，决定今天买什么样的零食，一个人负责去小商店采购。他们各自拥有一定的权力，他们的共同目的是今天能够买到好吃的零食。那么，这样的权力分配，就会比较公平，如果离开了他们当中的任何一个人，行动计划便无法达成。

相反，如果还有三个小朋友，其中一个大权独揽，他既管钱，又可以决定今天买什么，还有采购权，而另外两个小朋友没有一点儿权力。那么，这个大权独揽的小朋友就可以为所欲为了，他可以想买什么就买什么，他的这种行为，就是“独裁”，这对另外两个小朋友来说，就非常不公平了。

当然，咱们举的这个例子，比较幼稚和粗糙，目的是为了让大家更容易理解“三权分立”学说的大概意思。事实上，这是一套非常严密的学说，如果感兴趣，将来可以去找这方面的专著来读。

孟德斯鸠的学说，像一粒坚强的种子，它生根发芽，开花结果，最终，把“民主与自由”的思想播撒进了人们的心田。这位法国的“孟子”，与伏尔泰、卢梭齐名，人们亲切地把他们称为“法兰西启蒙运动三剑客”。

另外，除了这“三剑客”外，在同一时代，法国还有一位启蒙思想大师，他叫狄德罗。狄德罗编纂了一部《百科全书》，这部巨著规模极为浩大，把当时几乎所有领域的先进知识都包含了进去，书中一字一句都闪动着知识与理性之光。

总之，启蒙运动是文艺复兴之后的又一次思想大革命。在那个伟大的时代中，大师巨匠辈出，用自由、民主、理性、科学之光，引领着人类继续向前……

第15期

震撼整个欧洲的革命

ZHEN HAN ZHENG GE OU ZHOU DE GE MING

开始讲故事啦

发生在法国的启蒙运动，
让平等、自由、民主的观念深入人心。
新兴资产阶级开始不甘于被封建统治者控制。
面对贵族的残酷压迫、层层剥削，
人们逐渐意识到，他们需要建立一个
更加先进、更加民主、更加自由的国家，
于是，一场轰轰烈烈的大革命，爆发了……

愤怒的人们冲上街头，攻破臭名昭著的巴士底狱，
将国王路易十六送上断头台。
经过一次又一次的政权更迭后，
法兰西迎来了史上最伟大的将领——拿破仑，
在他的率领下，法国军队将大革命的“种子”，
撒向了整个欧洲大陆。

我是皇帝，我也会上断头台吗？
我想，会的！

呜呜呜……
做皇帝真可怜！

臭名昭著的巴士底狱

启蒙运动思想家们倡导的“自由、平等、博爱”，与当时法兰西统治者们的思想格格不入。底层人民在接受了“启蒙运动”这股新鲜思潮的洗礼后，再也不愿意继续被教士、贵族们欺骗与奴役。

法兰西暗流涌动，一股不满与愤怒的力量正等待时机爆发。

1788年，法兰西遭遇了有史以来最为严重的旱灾、雹灾，物价随之大幅上涨。国家财政面临崩溃，国王的统治危机四伏。1789年5月，国王路易十六为了解决财政危机，决定增加税收，却遭到了以资产阶级为代表的国民议会的拒绝。

路易十六恼羞成怒，暗中调集军队，准备武力解散议会。然而，他的行动很快就被人们发现了。巴黎市的工人、手工业者、城市贫民自觉行动起来，纷纷涌上街头，夺取武器，开始了武装起义。一场震惊欧洲大陆的革命——法国大革命爆发了。

1789年7月13日，愤怒的人们几乎攻占了巴黎所有的阵地。7月14日，945名民众向巴黎最后一个阵地——臭名昭著的巴士底狱发起了攻击。参加这场著名战斗的人，最年长的72岁，最年幼的只有8岁。起义者的年龄跨度如此之大，可见当时的法国民众对统治者们有多么痛恨！

巴黎人民攻破巴士底狱，标志着声势浩大的“法国大革命”全面爆发。一场持续5年的权力斗争，在法兰西大地上揭开了序幕。

这一天，对于法国来说意义非凡，后来，法国人民为了纪念这一重大历史事件，将7月14日定为法国的国庆节。直到现在，每年的这一天，法国人民都要举行盛大的欢庆活动呢！

为什么民众会对巴士底狱如此痛恨呢？巴士底狱到底是一个什么地方呢？

巴士底狱原名“巴士底要塞”，从它的名字我们就可以得知它原来并非一座监狱，而是一座非常坚固的要塞。巴士底要塞修建于14世纪，目的是用来防御英国人的进攻，所以修建在巴黎的城门前。

后来，随着巴黎市区的不断扩大，巴士底要塞成为巴黎市内的建筑，失去了防御外敌的作用。14世纪后期，巴士底要塞成了巴士底监狱，这座监狱专门关押政治犯，是法兰西专制王朝的象征！著名的思想家伏尔泰就曾被关押于此。

起义成功后，吉伦特派取得法国政权，宣布废除君主制，建立“法兰西第一共和国”。执政期间，吉伦特政府颁布法令，强迫教会、贵族将土地退还给百姓，并在不久之后，以叛国罪处死了国王路易十六。

路易十六是欧洲历史上第三个被处死的国王，前两个就是前面讲过的苏格兰女王玛丽及英国国王查理一世。

代表封建势力的路易十六被推上断头台，是不是就意味着，声势浩大的法国大革命要结束了呢？接下来请看下面的故事。

谁才是法国的拯救者

路易十六死了，法国大革命是不是就结束了呢？

当然没有结束。国王死后，起义队伍中的吉伦特派、雅各宾派、热月党人相继掌权，他们按照自己的理念管理法国。然而，一个新兴的资产阶级国家可不是那么容易管理的，人们需要不断地摸索，不断地尝试，才能找出治理国家的好办法来。

首先执政的是吉伦特派人士，他们颁布了很多有利于资产阶级发展的政令。然而，为了维护自己的利益，他们不停地削弱其他派别的力量，最后竟然对革命盟友雅各宾派举起了屠刀。吉伦特派的行为激起了民众的不满，1793年6月，愤怒的人们再次拿起武器，将执政9个多月的吉伦特派推翻。

接下来上台的，是代表小资产阶级利益的雅各宾派。雅各宾派执政后，严厉打击反革命势力，限制奸商们的投机活动，解决了农民的土地问题，将法国革命推向高潮。然而，在镇压敌人的过程中，雅各宾派的打击面实在太大，而且还经常滥杀无辜。

1794年7月27日，雅各宾派领导人罗伯斯庇尔正在进行慷慨激昂的演讲，会场突然闯进几名宪兵，将他捆绑起来，关进了监狱。第二天，罗伯斯庇尔及雅各宾派的其他领导，被送上了断头台。这次政变被称为“热月政变”，因为按照法国当时的日历，7月被称为“热月”。

“热月政变”标志着轰轰烈烈的法国大革命落下了帷幕。

在革命党人的努力下，法兰西的封建王朝被推翻了，可是新的政权却一直稳定不下来，这是为什么呢?

因为，当时的法兰西国内外形势非常严峻，国内经济脆弱，很多地方都发生了叛乱；而国外则连连遭到“反法同盟”的武力侵犯。法兰西需要一位伟大的政治家、军事家，带领国家摆脱困境。这位伟人就是我们接下来要介绍的伟大英雄——拿破仑。

雅各宾派倒台后，督政府执政。同样的，督政府为了维护自己的权益，不停地清除国内的异己势力，法国民众敢怒而不敢言。

在督政府统治时期，26岁的拿破仑由于战功卓著，被任命为法兰西共和国意大利方面军总司令。拿破仑在法兰西的威望越来越高，督政府感受到了他的威胁，就设法派他远离法国，前往中东。

1799年，拿破仑在远征埃及途中得知法兰西发生内乱。1799年10月，拿破仑赶回法兰西。1799年11月9日，拿破仑发动了著名的“雾月政变”，推翻了督政府，自己做了皇帝，建立了“法兰西第一帝国”。

拿破仑的到来，让法兰西迎来了真正的辉煌岁月!

欧洲的解放者——拿破仑

1769年春天，地中海上的科西嘉岛被法国军队征服，成为法国领土的一部分。这一年的冬天，拿破仑出生在这个美丽的小岛上。在年幼的拿破仑看来，自己并不是法国人，而科西嘉岛也不是法国的一部分。他立志要让科西嘉从法国独立出去。

10岁时，在父亲卡洛·波拿巴的安排下，拿破仑离开科西嘉岛，到法国的一所军校学习。在当时的法国人看来，科西嘉岛是一个又偏远又贫穷的殖民地，拿破仑则是一个彻头彻尾的“山里娃”，再加上拿破仑身材矮小，所以，他经常受到本地学员的欺辱。

然而，拿破仑毕竟是拿破仑，他可没有被这些所谓的“优胜者”击败。相反，他通过不懈努力，在学习方面展现出巨大的优势。

16岁时，父亲去世，家境贫寒的拿破仑不得不提前毕业，进入拉斐尔军团，担任炮兵少尉。在从军的这段时间里，拿破仑熟读各种军事、哲学书籍，其中启蒙运动思想家卢梭的思想对他影响很大。

机会总是留给有准备的人！

1793年，由普鲁士、英国、荷兰及西班牙等国组成的“反法同盟”向法国发起进攻，法国保王党势力趁机发动叛乱。拿破仑·波拿巴的机会终于来了！年轻的拿破仑小试牛刀，带兵击败了保王党，粉碎了第一次“反法同盟”，获得土伦战役的全面胜利。

拿破仑的战绩有目共睹，他也因此受到了当权者的赏识，被破格升为准将，这在欧洲军事史上还是第一次。

从这一战开始，拿破仑的战绩一发不可收拾。

1795年，拿破仑再次成功击败保王党势力的武装叛乱，被荣升为陆军准将兼巴黎卫戍司令，开始在军政界崭露头角。

拿破仑的战绩不仅被当权者们认可，更被法国的民众们所称道。一时间，拿破仑成了民众们街谈巷议的民族英雄！哪里有拿破仑的身影，哪里就有民众们的欢呼声！

拿破仑的迅速崛起，引起了部分当权者的畏惧，他们担心他有朝一日会超过自己。于是，拿破仑被任命为法国东方军司令，被派往殖民地埃及，打压英国在埃及的势力。

然而，正是这次的短暂离开，为拿破仑日后的崛起提供了机会。

1799年，拿破仑正在埃及浴血奋战，突然收到弟弟的来信。弟弟来信说，法国的政局一片混乱，保王党趁机作乱，而其他欧洲国家已经再一次组织了“反法同盟”，声势比上次更大！

拿破仑意识到自己的机会终于来了。于是他秘密潜回巴黎，发动了著名的“雾月政变”，推翻了督政府，夺取了法国的政权。

拿破仑执政后，建立了“法兰西第一帝国”，法国历史进入了一个新的阶段。

在执政生涯中，拿破仑经历了大大小小百余场战争，先后5次击败“反法同盟”，几乎击败了欧洲大陆上的所有国家，将法兰西帝国的大旗几乎插在了欧洲的每一寸土地上。

1815年，拿破仑在滑铁卢战役中被英国的威灵顿公爵率领的第七次“反法同盟”军击败，法兰西第一帝国灭亡。拿破仑被流放到圣赫勒拿岛，6年后在这里去世。

拿破仑的故事到这里就讲完了，听完故事，你们觉得拿破仑是一个什么样的人呢？

虽然拿破仑最后失败了，但他已将“资产阶级大革命”和“民主”的思想种子播撒到了欧洲大陆的每一片土地上。自他之后，欧洲的封建王朝先后被当地的资产阶级推翻。

拿破仑的英雄事迹将永远被欧洲乃至世界人民传唱。

第16期

一个新兴帝国的诞生

YI GE XIN XING DI GUO DE DAN SHENG

开始讲故事啦

正当欧洲战场上打得如火如荼的时候，
大西洋彼岸的美洲也蠢蠢欲动。
当时的美利坚还是英国的殖民地，
这块殖民地由13个独立的部分组成。
为了填补本土的战争亏空，
英国不断地加重对美利坚的剥削。

美利坚的人民终于爆发了，
他们在农场主华盛顿的领导下，
向英国统治者发起了猛烈的攻击。
他们宣布独立，颁布了著名的《独立宣言》，
经过7年浴血奋战，他们终于成功了！
后来就有了我们现在所看到的世界第一大强国，
——美国。

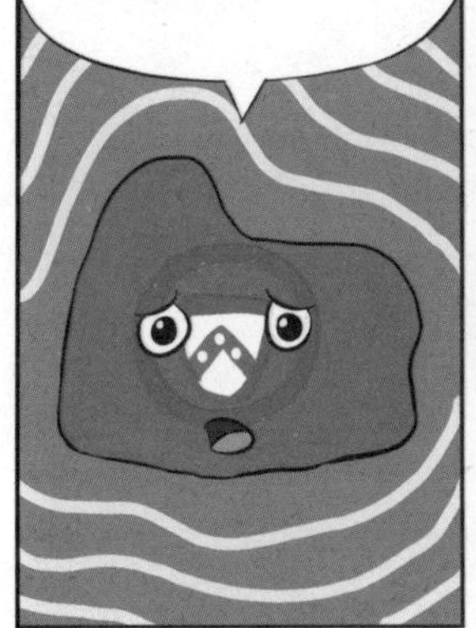
嘿，我是宾夕法尼亚殖民地！

我是佐治亚殖民地！

大家好，我是南卡罗来纳！

我们都是英属的殖民地，我们一起造反吧！

不求同年同月同日生，
但求同年同月同日死！

逼上反路的最后一根稻草

发生在欧洲大陆上的一次次“大革命”，真是波澜壮阔，跌宕起伏啊！然而，我们知道历史的车轮不会抛弃任何一片土地。在欧洲发生翻天覆地的变化的同时，远在大西洋彼岸的美洲大陆又发生了哪些事情呢？

大家知道，北美原来是印第安人的聚居地，他们是亚洲人的后裔，已经在这里居住了四万多年。15世纪末，随着哥伦布发现这片“新大陆”，这里开始发生翻天覆地的变化。西班牙、荷兰等欧洲强国纷纷向这里移民，掠夺资源，建立殖民地。

英国后来居上，经过了激烈的争夺斗争后，从列强中胜出，几乎独占了整个北美大陆，并建立了13个独立的殖民地。

18世纪，欧洲大陆战争连年不断，身处大西洋彼岸的美洲也深受其害。为什么呢？其实，打仗看起来拼的是军队，实际上拼的却是经济！欧洲大国为了打赢战争，不断地加重对殖民地人民的剥削与掠夺。

英国也不例外，为了能在战争中获胜，它不断地提高对北美13个殖民地的税赋，引起了殖民地人民的强烈不满。

1773年，英国政府为了倾销东印度公司积存的茶叶，并从中获取高额利润，将在北美殖民地销售茶叶的专营权授权给了东印度公司。英国政府还规定，东印度公司只需要缴纳很少的茶税，而本地茶农则严禁在本地销售茶叶。

不让茶农销售茶叶，那他们吃什么，喝什么，靠什么生活呢？这不是要把他们往死路上逼吗？

英国政府的不公平政策，引起了北美殖民地人民的极大愤慨，他们拒绝为东印度公司的茶船装卸货物。不仅如此，他们还在酝酿更为激烈的反抗斗争。

1773年12月16日，波士顿8000多人举行集会，抗议英国政府的不公平政策。当天晚上，60 名当地居民化装成印第安人上了茶船，将东印度公司3条船上的342箱茶叶全部倾倒入海。

“倾茶事件”的消息传到英国后，英国政府为之震动。

“这些殖民地的野蛮人，胆子也太大了！”

“不给他们点儿颜色瞧瞧，他们会越来越放肆！”

英国议会的成员们众口一词：要好好教训一下这些野蛮人！

于是，在接下来的日子里，英国政府对波士顿采取了高压政策，先后颁布各项法令，法令内容包括封锁波士顿港、在殖民地自由驻军等。

然而，这样的行动不但没有缓和双方之间的矛盾，反而激起了殖民地人民更加强烈的反抗。英国政府与北美殖民地之间的矛盾更加尖锐，公开冲突日益增多。

“倾茶事件”后英国的高压政策成为英国将北美殖民地人民逼上反路的最后一根稻草。

1775年4月19日，莱克星顿的上空响起了几声尖锐的枪响。不久，一条足以震动全世界的消息传遍了欧美——美国独立战争爆发了！

“国父”华盛顿

任何一个国家的建立或者独立，背后都有一位灵魂人物。领导北美殖民地战胜英国，从而迎来美利坚合众国独立的，正是我们将要介绍的这位英雄——美国“国父”华盛顿。

说到华盛顿，这里还有一个小故事。

你们知道美国唯一的“六星上将”是谁吗？没错，就是华盛顿。

华盛顿生前只获得了当时的最高军衔“三星上将”。但是，随着时光的流逝，越来越多的人获得和他相同、甚至比他更高的军衔。后来，人们为了突出华盛顿的功绩，追封他为“六星上将”，并正式宣布，华盛顿拥有美国最高军衔，超过以往和未来的所有元帅和将军。

可见，华盛顿在美国人民的心目中的地位是多么崇高啊！

1732年，乔治·华盛顿出生于美国一个富裕的奴隶主家庭。

大家一定已经注意到，华盛顿的家世与我们前面介绍的很多人都不同。他出身于奴隶主家庭，难道他家真的拥有奴隶吗？

“奴隶制社会”是人类发展史上一个比较落后的阶段。在欧洲，奴隶制度早就被废除了。然而，因为发展种植园经济需要大量的劳动力，美洲大陆却盛行奴隶买卖活动。因此，在美洲像华盛顿家这样拥有奴隶的家庭不在少数。

华盛顿从小就对军事产生了浓厚的兴趣，他一直渴望加入英国的正规军队。23岁时，他终于迎来了这一天。年轻的华盛顿随英军进行远征，与同在美洲殖民的法国军队发生了激烈的战斗。

战斗中，华盛顿所在的军队几乎全军覆没。华盛顿的外衣被子弹打出了四个破洞。值得庆幸的是，华盛顿的身体安然无恙。最终，华盛顿组织残军安全撤退。

回到弗吉尼亚州的华盛顿成了当地的英雄人物，被当地人推崇。这次战斗为华盛顿日后统帅大军战胜英国殖民军积累了宝贵的经验。

1759年到1774年，华盛顿辞去军职，一直担任弗吉尼亚州的议员。然而，著名的“倾茶事件”发生后，英国政府采取的过激行为，彻底激怒了华盛顿这头温和的狮子。

1776年，华盛顿穿着军装，代表弗吉尼亚州参加了美洲的会议，向社会各界公开表示，他愿意参加北美反抗英国殖民者的独立战争。

凭借卓尔不凡的个人魅力、坚韧不拔的个性，以及英法战争中积累起来的个人威望，华盛顿毫无异议地被大会选举为殖民地军队的总指挥官。会议决定，由华盛顿来统帅殖民地的部队，担任指挥官。

随着华盛顿的就职，美洲13个殖民地的“乌合之众”被迅速组织起来，与英国殖民者的正规军队展开了激烈的战斗。

战斗一直持续到1783年，以英国承认美国的独立而告终。随后，华盛顿为了建立一个“将主权还给人民”的国家，主动解散了军队，将权力交给议会，自己则回到了阔别多年的家乡。

1789年，华盛顿被选为美国首任总统，1793年连任。任满两届总统后，华盛顿再次交出权力，回到家乡，最后在家乡去世。

著名的《独立宣言》

大家知道美国的国庆节是哪一天吗？

美国的国庆节是每年的7月4日，他们将这一天称为“独立日”。每到这一天，美国人民都会自发地走上街头，组织一些庆祝活动，表达自己的爱国之情。

美国为什么要将这一天定为“独立日”呢？说到这里，有一份著名的宣言不得不说，对，这就是我们这一节要说的《独立宣言》。

1775年，随着莱克星顿上空枪声的响起，美国独立战争宣告爆发。从这一天开始，殖民地人民奋起反抗，从英国殖民者手中争夺自己的权利与自由。

然而，在别人看来，他们只是一群愤怒的乌合之众，因为他们的行动没有明确的目的，也没有纲领的约束。可以这样说，他们只是一群想到哪里就打到哪里的“乱民”！

革命者们很快就意识到了这一点。

1776年7月4日，革命者们在费城召开了第二次大陆大会，大会除了推举华盛顿为殖民地军队的总指挥官之外，还通过了著名的《独立宣言》。《独立宣言》不但明确了革命的目的、思想、合法性，还在宣言的最后，宣告了美利坚合众国的独立。

也就是说，从那一天起，美利坚合众国不再是英国的殖民地，而是一个有独立主权的国家了。

大家明白美国人民为什么要将这一天确定为“独立日”了吧。

《独立宣言》中体现的民主、人权思想，不仅对美国历史产生了巨大的影响，对世界其他国家的影响也非常大。据说，法国在大革命时期颁布的纲领性文件《人权宣言》，就是以《独立宣言》为蓝本编制的。

《独立宣言》这么厉害，它的起草者也一定不是泛泛之辈！不错，《独立宣言》由约翰·亚当斯、本杰明·富兰克林、杰斐逊等5人共同起草。约翰·亚当斯后来成了美国的第二任总统，杰斐逊成了美国的第三任总统。

至于本杰明·富兰克林，他虽然没有当过总统，但影响力却丝毫不亚于总统。大家知道有一位科学家曾将雷电引到地面的故事吧！没错，那个勇敢的实验者正是富兰克林。另外，他撰写的《富兰克林自传》历经两百多年，依然畅销不衰，被公认为改变了无数人命运的美国精神读本。

有了《独立宣言》的指导，北美的13个殖民地迅速团结起来，在华盛顿的领导下，向英国殖民者们发起了进攻，并取得了最后的胜利。

1783年9月3日，英国正式承认美利坚合众国独立。

独立后，美国国会将《独立宣言》作为基础文献，编入宪法。《独立宣言》中宣扬的平等、自由思想，也成了美国的基本政治理念。

好了，美利坚合众国的独立过程我们就谈到这里。其实关于美利坚合众国的精彩故事、英雄人物远不止如此，如果大家有兴趣的话，可以阅读有关美国历史的书籍。

开启“电气时代”的大门

KAI QI DIAN QI SHI DAI DE DA MEN

开始讲故事啦

谁说学历低就不可以做科学家?
法拉第就是一个例子。
他出身于一个贫苦的铁匠家庭，家境贫寒，
仅仅读过小学，就被迫辍学。
然而，他通过刻苦勤奋的自学，
发现了著名的“电磁感应”效应，
被称为“电学之父”!

成功是1%的天分加99%的汗水，
爱迪生的成功说明了这一点。
他通过几千次的试验，
终于发明了电灯，成为人类光明的使者。
与此同时，亚历山大·贝尔也在辛勤地做着实验，
不久之后的一天，
人类历史上第一台电话宣告诞生。
电力的大门终于被这些勤劳的科学家们打开，
人类进入了第二次工业革命时代!

铁丝不行！

头发不行！

竹丝不行！

哇，钨丝好耐用呀！我完成了世界上最伟大的发明！

自学成才的科学巨人

19世纪，随着资本主义经济的发展，自然科学研究取得重大进展。有人发现电能生磁，有人发现磁能生电，有人发现电能发光……各种各样的发明和发现如雨后春笋般出现。这些发明和发现被用于工业生产，于是，第二次工业革命轰轰烈烈地到来了，人类进入了电气时代。

说到“电气时代”，我们将镜头切换到英国的一个普通家庭。这个家庭中的父亲是一名铁匠，他身体不好，收入十分微薄。今天我们要说的，就是这位铁匠的儿子迈克尔·法拉第，他在有限的生命中为人类世界创造了奇迹，被后人称为“电学之父”。

法拉第小的时候，由于贫困，读了两年小学后就辍学了。虽然不能接受正规的教育，但老铁匠对孩子们的人格教育却十分重视。他告诉法拉第：“做人要勤劳朴实，不要贪图金钱地位，要做一个正直的人。”

父亲的言传身教，对法拉第的思想和性格产生了很大的影响。

1803年，也就是法拉第12岁的时候，为了生计，他上街做了报童。

第二年，法拉第又到了一家书店做了学徒。

书店里堆满了各种各样的书，有哲学方面的，有经济学方面的，也有自然科学方面的。其他学徒们只顾着整理书籍，对书中的内容不闻不问。法拉第却在工作之余，如饥似渴地阅读各类书籍。

法拉第的好学精神感动了书店的一位老主顾。在这位老主顾的帮助下，法拉第有幸参加了著名化学家戴维的演讲会。戴维的演讲十分精彩，令渴望求知的法拉第欢喜不已。法拉第对戴维说：“我愿意献身科学实验，我可以做您的实验助手吗？”

戴维早就注意到了这个好学上进的小伙子，他爽快地答应了。

从此，法拉第做了戴维的助手，开始了自己的科学生涯。法拉第勤奋好学，工作努力，深受戴维器重。在戴维的引领下，法拉第见到了很多著名的科学家，参加了各种各样的学术交流活动，大大开阔了自己的视野。

1821年，法拉第30岁。这一年，法拉第完成了他的第一项重要发现，这项发现为以后发动机的出现奠定了基础。

1831年，法拉第发现了“电磁感应”效应，并总结出了著名的“电磁感应定律”。

此后，法拉第的研究成果像井喷一样出现在世人面前。他不仅在电学研究方面取得了斐然的成绩，在化学方面，也做出了巨大的贡献。

对于法拉第的贡献，人们公认的最有影响力的还属“电磁感应”的发现。这项发现为日后“电力时代”的到来奠定了理论基础，人们也因此称法拉第为“电力之父”。

勤奋的光明使者

交流电厉害。

有人说，天才与疯子之间，只有一线之隔。有很多天才，在常人看来，就像疯子一样。接下来，我们为大家介绍一位接近于“疯子”的天才。

19世纪的一天，到了吃饭时间，有一家的小男孩却还没有回到家里。父亲十分焦急，四处寻找，直到傍晚才在院子的草棚里发现了他。他正一动不动地趴在草丛里。

特斯拉赢！

父亲奇怪地问：“你这是在干什么？”

小男孩不慌不忙地说：“我在孵小鸡呀。”

原来，男孩看到母鸡会孵小鸡，十分好奇，也想自己试一试。

父亲又好气又好笑，把他拉起来，说：“人是孵不出小鸡来的。”

小男孩迷惑不解，问道：“为什么母鸡能，我就不能呢？”

听到这里，大家是不是要笑出声来

了？大家有没有产生过和小男孩一样的疑惑呢？有没有像小男孩一样趴在鸡窝中孵过小鸡呢？

如果有的话，爸爸妈妈不说我们是疯子才怪呢！

然而，故事中的小男孩可不是什么疯子，他是为全世界带来光明的著名发明家爱迪生。

1847年2月11日，小爱迪生出生了。他的父亲是荷兰人的后裔，母亲是苏格兰人的后裔，所以，小小的爱迪生长得很帅气，有点像混血儿呢。

8岁时，爱迪生上学了。就像故事中所说，年幼的爱迪生对一切充满了好奇，什么都想尝试一番。上学三个月之后，小爱迪生就背着书包回家了。原来，他的问题太多、太古怪，老师都答不出来。老师们都说他是“低能儿”，“愚钝不堪”，不配在学校读书，因此将他撵回了家。

回到家后，爱迪生的母亲亲自担任儿子的家庭教师。她可不相信老师们的鬼话，在她的眼中，儿子是一个一学就会的天才！

年幼的爱迪生酷爱化学实验，10岁的时候，他已经有两百多个用来做实验的玻璃瓶了！后来，爱迪生在列车上做了一名售报员。

爱迪生天性好动，喜欢思考，他才不会老老实实地做一名售报员呢！不久，他买了一台印刷机，利用火车上的便利条件，自己做记者和编辑，办起了一份名叫《先驱报》的小报，专门传递火车沿途的消息。

爱迪生的小报受到了乘客们的欢迎，然而，不幸也接踵而至。爱迪生一边卖报，一边在火车上做各种各样的实验。有一次，火车颠簸将他的实验用品颠到地上，着起火来。列车长狠狠地给了他一个耳光，打聋了他的右耳，并将他赶下火车。

面对挫折，爱迪生并没有灰心，而是继续投入到紧张的实验中。

经过多年的积累和无数次的尝试之后，爱迪生终于发明了具有实际使用价值的电灯。当他发明的第一盏电灯点亮1200小时后，全美人民沸腾了，因为这标志着“光明时代”的来临。

除了电灯，爱迪生还发明了留声机、电影放映机等重要设备。爱迪生活了84年，他一共取得了1093项发明专利权，这项纪录至今无人打破，人们尊敬地称爱迪生为“发明大王”。

世界上第一台电话接通了

1876年的一天晚上，一个年轻人正在忙忙碌碌地做着实验。他太聚精会神了，以至于一不小心打翻了放在桌上的硫酸瓶。硫酸泼在他的腿上，他疼痛地大叫起来："沃森先生，快来帮帮我！"

想不到，这一句非常普通的话，竟然成了人类历史上通过电话传送的第一句话。这位"沃森先生"，成为从电话里听到声音的第一人。

你们猜到这个年轻人是谁了吗？没错，他就是电话的发明者亚历山大·贝尔。电话的发明，标志着通信革命的开始。

1847年，贝尔出生于苏格兰的一个普通家庭。贝尔的父亲是一位嗓音生理学家，也就是教授和矫正聋人说话的专家。

贝尔很小的时候，就表现出很强的创新能力。他家附近有一座水磨坊，推磨的是一位独居的老人。贝尔很同情他，就帮他一起推磨。贝尔一边推，一边想：有没有什么好办法，可以让石磨推起来更轻松一点儿呢?

经过一个月的研究后，贝尔终于想出了一个好办法。他在石磨粗糙的臼齿间放上圆形的麦子，减少臼齿间的摩擦，这样臼齿的转动就灵活多了，石磨推起来也更轻松了。村里的人知道后，都跑来学习，并根据贝尔的方法，改造了自己家的石磨。

贝尔小小年纪，就成了全村人眼中的“发明神童”。

1871年，贝尔与父母一起移民到了美国。在美国，贝尔接受了父亲的建议，做了一名教授聋哑人语言的老师。

然而，贝尔的兴趣远远没有停留在这份“家族事业”上，他对人类当时的宠儿——“电报”充满了兴趣。电报可以将信息以每秒30万公里的速度传向远方，然而，它的接收和发送却有些麻烦。信息发送时，需要将文字译成电码，接收时，又得将电码译成文字。

有一天，贝尔正在做改进电报的实验，他发现一块铁片在电磁铁前震动，会发出微弱的声音，而这种声音可以通过导体传向远方。这给了贝尔很大的启发，他想，通过这个原理，不就可以将人类的声音传到远方吗？

贝尔的这个想法得到了著名物理学家约瑟夫·亨利的肯定，亨利鼓励他研究下去。

11年后的一天，人类历史上第一台电话终于接通了。

贝尔激动得热泪盈眶，兴奋地对他的母亲说：“大家各自留在家里，不用出门也能互相交谈的日子就要到来了！”

贝尔预料得没错，他发明的电话在科技博览会上取得了巨大的成功。不久，贝尔成立了自己的公司——“贝尔电话公司”，为电话在全球的推广做出了巨大的贡献。

第二次工业革命到这里就讲完了。你们有没有发现，第二次工业革命和第一次工业革命的发生地有所不同了呢？

第一次工业革命发生于英国，继而波及欧洲各国。而第二次工业革命的发生地，已经悄悄地转到了美国。

我们可以看出，美国在独立一百多年之后，已经逐步发展为世界强国。

第一次世界大战

DI YI CI SHI JIE DA ZHAN

开始讲故事啦

第二次工业革命的爆发，
使欧洲的工业得到了极大的发展。
然而经济、技术的进步，在为国民提供了便利的同时，
也撑大了帝国主义推崇者的胃口。
为了争夺更多的殖民地，争夺世界霸权，
一场弱肉强食的战争，一触即发。

工业革命使他们有了电灯，有了电话，
同时也有了坦克，有了飞机。
帝国主义者的野心空前膨胀。
30多个国家相互结盟，
6500多万士兵参战厮杀。
人类历史上的第一次世界大战，
一场没有正义的大战，爆发了。

虽然我没落了，但我以前很强大啊！
虽然我经常打败仗，但我也打过大胜仗啊！
虽然我的体制很落后，但我的军事力量很强大啊！
虽然我以前很厉害，但我现在更厉害啊！
好哇，好哇，你们快开打啊！
卖武器喽，卖武器喽！

一声枪响，打响了世界大战

科技是一把双刃剑，科技的进步可以给人们带来福音，也可以给人们带来灾难。就像“核”一样，如果使用得当，它可以给我们提供无穷的动力；如果使用不当，它就有可能将人类毁灭。

第二次工业革命将人类带进了“电气时代”。人们再也不用点煤油灯了，因为可以使用电灯照明；人们再也不用苦于相隔两地无法即时沟通了，因为可以通过电话说清楚一切；人们再也不用乘坐又慢又颠簸的马车了，因为有了内燃机驱动的汽车……

然而，工业的快速发展不仅给人们带来方便，也助长了政治家们的野心。他们看着用现代化装备武装的士兵，看着满街奔驰的汽车，看着飞机场里摆放整齐的飞机，心里美滋滋的，越来越不安于现状，逐渐有了征服他国、称霸世界的想法。

争夺世界霸权的野心，使欧洲列强之间展开了激烈的斗争，各国之间的矛盾越闹越大。其中，闹得不可协调的有法国和德国之间的矛盾、俄国（即现在的俄罗斯）和奥匈帝国之间的矛盾、英国和德国之间的矛盾。

我们先说法国与德国之间的矛盾。爆发于1870年的“普法战争”是法国与德国（原为普鲁士帝国）之间矛盾的一次大爆发，战争以法国战败结束。之后，德国为了防止法国东山再起，极大地扩充军备，而法国也对德国虎视眈眈。

俄国与奥匈帝国之间矛盾的焦点是土地的争夺。它们都觉得自己实力雄厚，不把对方放在眼里，都想独吞巴尔干半岛。

至于英国和德国之间的矛盾，则是英国不愿意看着德国一天比一天强大，再加上双方在各自的殖民地上也有冲突，因此，矛盾不断激化。

这三对矛盾就像三颗去掉了保险的炸弹一样，被安置在欧洲大陆上，随时可能爆炸。

1882年，在德国的主导下，德国、奥匈帝国、意大利成立了“三国同盟”，以对付其他国家。作为回应，1892年，法国、俄国、英国成立了“协约国”，与“三国同盟”抗衡。

战争虽然还未开始，但欧洲大陆似乎已经硝烟弥漫，战争一触即发。

1914年6月28日，一个平常的日子，奥匈帝国皇储费迪南大公夫妇在萨拉热窝视察，突然，街上传来一声枪响，费迪南大公夫妇随即倒在血泊之中。开枪的是塞尔维亚的一位爱国青年。

一个月后，奥匈帝国在德国的支持下，以此事为借口，迅速集结兵力，向塞尔维亚宣战。紧接着，德国、俄国、法国、英国等国家相继投入战争，一场震惊世界的大战拉开了序幕。

一场你死我活的较量

第一次世界大战虽然由奥匈帝国挑起，但是最先做出反应的却是德国。你们知道这是为什么吗？

原来，德国有一位叫施里芬的元帅，他发现德国西面有虎视眈眈的法国，东面有野心勃勃的俄国，他担心有朝一日德国会腹背受敌。因此早在战争爆发前，就提出了双线作战的“施里芬计划”。

“施里芬计划”指出，为了避免双线作战，德国应该通过比利时，迅速侵入法国，并结束西线的战争，然后集中精力对抗东边的俄国。

因此，战争一开始，德国军队就像刚出了笼子的狮子，集中优势兵力，穿过比利时，迅速攻进了法国。这个时候，英法联军还像做梦一样，没有反应过来就被打得屁滚尿流。英法联军迅速后撤，最后在马恩河附近停了下来。

英法联军不能再后退了，如果他们再像前面一样，糊里糊涂地丢掉马恩河防线，巴黎可就危险了。一旦巴黎失守，德国的“施里芬计划”就会成功，战争形势就会急转直下。

因此，无论是对于英法联军，还是对于德军，这里将会发生的都是一场关乎国家命运的大会战。

为了打赢战争，双方不停地增加兵力，最后，在200英里的战线上，双方竟然投入了超过180万人的军队。可见，当时的战争是多么惨烈！

由于英法联军的坚决抵抗，在大约5天的时间里，德国的伤亡超过20

万人，最后不得不组织撤退。

虽然“施里芬计划”失败了，但德国统治者不但没有停止战争，反而执意要将战争进行到底。更大规模的灾难，还在后面呢！

1916年，英法联军组织了向德国大反攻的战役——索姆河战役。7月11日，英法联军向德国的堡垒发起了激烈的进攻。然而，德国的堡垒太坚固了，开战的第一天，英军就损失了6万多人。9月，英法联军组织了第二次进攻，出动了36辆新式战车——坦克，取得了一些不错的战果，但最终在德国大炮的狂轰乱炸下，这些坦克变成了一堆废铜烂铁。11月，索姆河战役终于停了下来，双方都伤亡惨重，却谁也没有打败对手。据统计，在这次战役中，英法联军伤亡79万多人，德军伤亡53万人。

1917年，战争形势发生了变化。中、美等国相继加入“协约国”，对德国宣战。这时，“协约国”的阵营增加到了27个国家。而“同盟国”只有德国、奥匈帝国、保加利亚、土耳其四个盟国。

“协约国”的优势明显，尤其是在美国加入后，更是实力大增。而“同盟国”渐渐支撑不住，连连败退。1918年11月，德国宣布投降。

这场历时4年，付出3000万生命代价的世界大战，终于以“协约国”的胜利结束。

看到这里，大家有什么感想呢？第一次世界大战，其实就是帝国主义列强之间的利益争夺战。它们为了争夺世界霸权与殖民地，相互厮杀，没有谁是正义的一方，也没有谁值得褒奖！

也许你们会说，美国值得夸奖啊！多亏它参加了战争，“协约国”才打败了“同盟国”，结束了第一次世界大战！不要急着下结论，等读完下一节，你们就知道事情的真相了。

一个在战争中闷声发财的国家

当大部分国家都在忙着打仗的时候，有一个国家却将眼睛睁得老大，不停地寻找发财的机会。它一会儿把枪炮卖给“同盟国”，告诉它狠狠地教训对方；一会儿又把飞机卖给“协约国”，让它一定要把对手打得爬不起来。

没错，这个趁着战争兜售军火、闷声发大财的国家，就是美国。

美国独立后，一百多年过去了，发展得怎么样了呢？让我们将镜头转向这个新兴的国家。

1883年，取得独立战争的胜利后，美国的南方和北方沿着两条不同的道路发展。北方紧跟时代潮流，进行了第二次工业革命，经济和技术都得到了很大的发展。而南方，实行的仍然是落后的奴隶制度，工业和经济都很落后。

由于制度完全不同，南北双方的矛盾日益加剧。1861年，美国南北战争爆发。与第一次世界大战不同，这是一场充满正义的战争。因为这场战争不仅维护了美国的统一，更重要的是，解放了几百万被奴役的黑奴。

在林肯总统的领导下，战争进行了4年之后，以北方的胜利告终。南北战争摧毁了奴隶制，维护了国家统一，为美国资本主义的加速发展扫清了道路。从此，美国踏上了成为世界强国的征程。

第一次世界大战爆发后，由于战场在欧洲，并没有对美国造成威胁，美国也没有急着参战。它一方面和“同盟国”联络，将大量的战争装备卖给他们；一方面又和“协约国”勾搭，给他们提供先进的枪炮军火。

可以这样说，在这次战争中，所有的国家都被对手打得血肉模糊，只有美国，默不作声地狂发战争横财。1917年，第一次世界大战接近尾声，美国为了以战胜国的身份拿到德国的战争赔款，宣布加入“协约国”，并派潘兴将军率领50万美国军队赶往欧洲。

美国的加入，加速了战争的结束。

1918年11月，德国宣布投降，第一次世界大战宣告结束。

潘兴将军作为得胜的将军，率领军队回国，受到了美国人民的热烈欢迎。一时间，潘兴将军成了美国的英雄。第二年，潘兴被美国政府授予了“陆军特级上将”的军衔。

看到这里，你们还觉得美国在一战中的行为值得褒奖吗？英国的一名首相曾经说过：“没有永远的朋友，仅有永远的利益。”此言一出，立即成为经典。在政治外交上，几乎所有的国家都奉行这条“名言”。

美国当然也不例外。第一次世界大战中，它根据利益选择自己的立场，在别人打得血肉横飞的时候，自己却赚得盆满钵满。靠着在战争中获得的大笔财富，第一次世界大战后，美国成了世界上数一数二的强国。

第19期

第二次世界大战

DI ER CI SHI JIE DA ZHAN

开始讲故事啦

第一次世界大战的结束，
并没有换来世界的和平，
相反，战胜国与战败国之间的矛盾更加激烈。
德国对战败引起的赔偿耿耿于怀，
厉兵秣马，时刻准备发动新的战争。

不久，二战狂魔希特勒出场了，
他凭借非凡的才能带领德国迅速发展起来。
短短几年之间，
德国的军事实力已经在欧洲遥遥领先。
然而，希特勒拥有的不只是才能，
还有魔性、兽性，以及对犹太人的仇视。
于是，在希特勒的推动下，
一场比第一次世界大战规模更大、伤亡更多的战争
——第二次世界大战，爆发了。

希特勒走
进一个疯
人院。

他走在路上，许多人
都向他行纳粹礼。

向最伟大的
元首
致敬！
向最伟大的
经济学家
致敬！
向最伟大的
政治家
致敬！
向最伟大的
外交家
致敬！

你为什么不像其他
人那样向我敬礼？
尊敬的元首，我是
个护士，我没疯！

战争狂魔希特勒

靠第一次世界大战签订的《凡尔赛和约》，真的可以解决欧洲各国之间的矛盾吗？

大家不妨先看看一战时期的参战各方是怎么说的。

德国总理谢德曼说："谁要是签署这样的条约，他的手就会烂掉！"

协约国联军总司令福煦说得更为直接："这不是和平，不过是20年的休战。"

说到这里，我们暂且不回答上面的问题，而是将镜头转到一个德国年轻人的身上。这位年轻人名叫阿道夫·希特勒。这一年他30岁，是一名陆军士兵。他刚刚接到政治部的命令：去调查德国工人党。

1889年出生于奥地利的希特勒，是一名狂热的民族主义者，他曾经想当一名画家。然而，生活总是充满了戏剧性。第一次世界大战爆发后，希特勒阴差阳错地加入了德国军队，并参加了"索姆河战役"等一系列战役。希特勒也因此成为一名优秀的士兵。

接到命令后，希特勒以旁听者的身份，参加了工人党的会议。希特勒发现，工人党的纲领是民族主义、反犹太主义。希特勒想，这不正是我支持的“主义”吗？

在一次会议上，希特勒情不自禁地加入讨论。令人意外的是，两天后，希特勒突然接到一封信，工人党郑重邀请他加入并担任主席团的委员。

希特勒又好气又好笑，不过经过深思熟虑之后，他还是决定加入工人党。谁也想不到，希特勒的这个不起眼的决定，将会在十几年后影响全世界！

加入工人党的希特勒，已经忘记了上级交给他的任务，而是全心全意地为“党”服务起来。不久，希特勒当选为工人党的党首。

1929年，资本主义世界经济危机爆发。这对本来就经济萧条的德

国，更是雪上加霜。希特勒趁机四处活动，宣扬经济危机是德国政府造成的，因为他们接受了耻辱的《凡尔赛和约》，才将德国带入了无底的深渊。

德国民众压抑已久的民族情绪，终于被希特勒挑动起来。听着希特勒慷慨激昂的演讲，他们仿佛看到了救星！于是，他们纷纷背弃了政府，转而支持希特勒。

1933年，希特勒当选为德国的总理，组织内阁，开始独裁统治。

希特勒执政后，大力发展工业，使德国的经济颓势快速得到扭转。

与此同时，希特勒的另外一个计划，也在悄悄地酝酿之中。

希特勒积极整顿军备，发展国防军。1935年，希特勒公开宣布，要将国防军从10万扩充到30万。这是公开违反《凡尔赛和约》的行为，然而，英、法等国为了各自的利益，听之任之。

英、法等国的放任态度让希特勒的胆子更大了，他加快了向外扩张的步伐。随后，德国占领了捷克斯洛伐克。英、法等国仍然置之不理，不采取任何行动。

1939年9月，时机终于成熟了！希特勒开始实施他的计划——称霸欧洲，称霸全球！希特勒命令德国部队向波兰发起进攻，并在一周之后，占领了波兰全境。占领了波兰后，接下来就是法国、英国……

眼看着要打到自己了，英、法两国不得不对德宣战。第二次世界大战在德国的不断挑衅之下，终于爆发了。

一个几乎被杀光的民族

说到二战，你有没有想到一部名为《辛德勒的名单》的电影呢？这部电影说的是二战中德国残害犹太人的故事。

有人说犹太人是世界上最聪明的民族，为什么呢？大家请看一组数据：犹太人口总数仅占全球总人口的0.2%，而在诺贝尔奖获得者中，犹太人却占了22%。就是这样一个充满智慧的民族，在二战中却惨遭德军杀害，600万犹太人在这场惨绝人寰的战争中丧生，占全世界犹太总人口的三分之一，犹太人几乎灭种。

你们可能会问，德国纳粹政权为什么那么仇视犹太人？为什么要将他们赶尽杀绝呢？其实这是有历史原因的。

犹太人的远祖是古代的希伯来人，他们生活在阿拉伯巴勒斯坦的土地上。随着罗马帝国攻占巴勒斯坦，数百万的犹太人被赶出巴勒斯坦，流亡到西欧等地。

西欧人非常歧视这些逃难者，不允许他们占有土地，只允许他们经营商业。而在当时，经商是一种很低贱的职业。

欧洲进入资本主义社会后，依靠经商富起来的犹太人又成了当地资产阶级的眼中钉。犹太人再次遭到迫害，不得不流亡到东欧、美洲等地。

最为不幸的是，对犹太人的歧视逐渐成了很多国家的文化与传统。很多年轻人从一出生起，就在这种文化的影响下，对犹太人充满了仇恨。

纳粹德国就是这样一个仇视犹太人的国家，而希特勒更是一个疯狂的种族主义者。他宣称，犹太民族是世界上最为低劣的民族，根据优胜劣汰的原则，他们应该被全部清除！

战争爆发后，德军迅速占领了波兰、荷兰等国家，对这些国家的犹太人进行了惨无人道的屠杀。这还不够，德军又建立了1000多座集中营，将犹太人全部集中起来，关押在集中营内。

这些集中营中最为臭名昭著的，当属建在波兰的奥斯维辛集中营。这座可怕的集中营建立在波兰一个叫“奥斯维辛”的小镇里。

德军抓到犹太人后，要么杀死，要么通过火车，将他们运送到集中营。

来到集中营的犹太人被分为两类，一类是年轻的、健康的，他们被德军带往集中营的工厂区，参加劳动；一类是老人、儿童，他们被带往集中营的毒气室，被毒气杀死。

惨无人道的德军，将尸体的头发做成毯子，皮肤做成灯罩，脂肪做成肥皂，骨灰做成肥料……据统计，有110万人被先后关进奥斯维辛集中营。而当苏联红军解放这座集中营的时候，却只剩下7650名活着的囚徒了。

每一次战争都会使很多人丧生，一般来讲，丧生的大都是作战双方的士兵。然而，第二次世界大战不同，惨无人道的德军在种族主义的驱使下，对平民举起屠刀，让四处流亡的犹太人几乎灭了族！

德国人的暴行终于激起了全世界人民的愤怒。人们纷纷拿起武器，加入世界反法西斯大军中，向这个惨无人道的国家宣战！

世界人民的胜利

德国将枪口对准波兰后，仅仅用了一个星期，就占领了波兰全境。随后，德军掉头向西，又相继占领了挪威、荷兰、比利时等国家。可见，当时德国的军事实力已经强大到了多么可怕的程度。

英、法两国在法国边境布置了“马其诺防线”，准备和德国决一死战。然而，英法联军根本不是德国军队的对手，40万大军被打得溃不成军，仓皇逃往英国。

德军仅用了一个月的时间，就攻占了法国全境。

法国已经攻陷，下一个目标就是英国。

英国可不像法国那么不禁打。英国人民在首相丘吉尔的领导下，凭借英吉利海峡，万众一心，誓死抵抗德国人的侵略！

德国在英吉利海峡受挫后，决定掉头攻打苏联。苏联位于德国东方，它的领导人斯大林才是希特勒眼中真正的“钉子”！因为苏联地域辽阔，资源丰富，斯大林又极具领导才能。在希特勒看来，苏联才是他称霸世界的最大阻碍。

1941年，德军出动550万机械化部队和5000多架飞机，向苏联发起进攻。由于此前苏联曾与德军签署《苏德互不侵犯条约》，因此苏联一点儿

防备都没有。德军在很短的时间内，就消灭了苏联近700万军队，占领了苏联大片土地。

此时，世界上的国家已经逐渐形成了两大阵营，德国、意大利、日本等国崇尚战争，妄想通过战争称霸世界，站到了“轴心国”一边；中、英、法等国反对霸权，保卫家园，与“轴心国”国家殊死搏斗，逐渐站在了“同盟国”一边。第二次世界大战也因此成了两大阵营之间的战争。

1941年12月7日，侵占了中国大片土地的“轴心国”国家日本向美国发起进攻，派兵轰炸了美国的珍珠港。第二天，美国加入“同盟国”，对日本宣战。

这时的美国，通过一战及二战初期发的“战争财”，已经成了数一数二的工业强国。美国的参战，使“同盟国”与“轴

心国”之间的实力对比发生了180度的扭转。从美国参战开始，“轴心国”逐渐落于下风。

1942年，德军在斯大林格勒战役中受挫，33万德军被苏军包围，并向苏军投降。不久德军又在非洲遭遇英国的大反攻，损失惨重。1945年，德国在本土被占领的情况下，不得不投降。希特勒自杀。

然而，日本在遭受了一系列的打击后，仍然负隅顽抗。盟军为了减少战争损失，相继在日本的广岛和长崎投下两枚原子弹。紧接着苏联出兵中国东北，歼灭了日本的关东军。日本不得不宣布投降。一场波及60多个国家、死亡近6000万人的世界性大战，终于结束了。

到这里，第一次世界大战和第二次世界大战的故事就讲完了。这两场大战相隔不久，规模相当，对世界产生的后续影响却完全不同。

第一次世界大战是资本主义国家争夺霸权的战争，没有正义可言；而第二次世界大战则是一场“正义”与“非正义”之间的较量，最终以“正义”一方的胜出而告终。

第二次世界大战结束后，英法等殖民国家普遍衰落，亚非拉等殖民地人民趁机反抗，掀起了世界范围内国家独立、民族解放的高潮。世界格局也因此发生了新的变化。

第20期

世界新格局的形成

SHI JIE XIN GE JU DE XING CHENG

开始讲故事啦

两次世界大战的爆发，
给世界人民造成了不可估量的损失。
二战以后，欧洲强国的实力大大减弱，
给殖民地人民提供了寻求国家和民族独立的机会。
他们举起旗帜，奋起反抗，终于——
印度独立了，巴基斯坦独立了，非洲人民独立了……
一时间，世界上掀起了民族独立、解放的大潮。

与此同时，世界的格局也在悄然发生变化，
美国与苏联成了世界超级大国。
美国与欧洲结盟，成立了“北约”集团，
苏联也不甘示弱，积极组建“华约”，与“北约”针锋相对。
持续了30多年的“冷战”拉开了序幕。
与此同时，第三世界的国家，也在悄悄崛起，
成为世界上一支不可忽视的力量。
世界的新格局正在一步步形成。

我终于独立啦！

大家好，我也独立了！

我也是！

我也独立了！

太好了，我们一起玩吧。

联合国的成立

1945年的一天，50多个国家的国家代表，纷纷来到美国的旧金山，齐聚一堂。大家神情严肃，似乎在商量着什么，会议厅里不时传来阵阵鼓掌声。你们知道这些国家的代表来美国干什么吗?

原来，第二次世界大战结束后，大多数国家都急切地希望成立一个世界性组织，协调各国矛盾，避免爆发战争。各国的代表来到旧金山，就是为了筹建这样一个组织——联合国。

其实，早在第一次世界大战结束的时候，英、法等国就成立过这样的组织，叫“国际联盟”。然而，大家知道，第一次世界大战是一场丑陋的资源掠夺战，“国际联盟”成了战胜国压迫战败国的工具。随着德国等战败国的崛起，《凡尔赛和约》成了一纸空文，“国际联盟”形同虚设。

经过几天的激烈讨论，大家签署了《联合国宪章》。10月24日，宪章正式生效，联合国正式成立。会议决定，联合国总部设在纽约，由中国、苏联、美国、法国、英国担任联合国常任理事国。

从此，联合国作为一个国际性组织，走上历史舞台，开始为维护世界和平、促进各国友好发挥作用。

然而，就像第一次世界大战之后的“国际联盟”一样，联合国在成

立之初，也不断受到霸权主义的挑战。

20世纪60年代初期，联合国一直被美国操控。美国以联合国的名义发动了朝鲜战争，与英、法、加拿大等国，组成所谓的“联合国军”，干涉朝鲜内政，遭到了朝鲜人民的强烈反抗。

后来，随着“冷战”的开始，联合国又沦为美国、苏联两个大国争夺世界霸权的斗争工具，双方常常在联合国大会上吵闹不休。

后来，随着一大批新独立的亚非拉国家的加入，联合国不再被美、苏独占，开始为发展中国家伸张正义。中华人民共和国成为联合国安理会常任理事国后，发展中国家在联合国发挥的作用更加明显。

值得一提的是，中国作为联合国的创始成员国之一，第一批加入了联合国。然而，直到1971年，中华民国从联合国退出，中华人民共和国这才真正加入了联合国的大家庭。

联合国是当今最有权威的国际组织。虽然它还经常受到美国等强国的影响，但在维护世界和平、反对霸权主义等方面，联合国还是做出了不可忽视的贡献。

刚才我们提到了“冷战”，“冷战”是一种什么样的战斗呢？难道还有“热战”不成？接下来我们就来说说“冷战”到底是怎么回事。

一场没有硝烟的战争

现实生活中，我们常常说“张三又和他老婆冷战了”，这里的“冷战”，不是说张三和他老婆打架了，而是他们之间互相不说话，以沉默对抗沉默，就好像谁能坚持到最后，谁就胜利了。

发生于美国和苏联之间的“冷战”也差不多是这样，相比于“热战”的刀兵相接，“冷战”的特点是不直接采取军事行动，而是以武力为后盾，采取其他措施，遏制对方的发展。

这样说，你们明白“冷战”是什么意思了吗？说白了，“冷战”其实就是一场表面平静，暗地里却斗得鱼死网破的没有硝烟的战争。

1946年，英国的丘吉尔在密苏里州的一所学校里，进行了一场慷慨激昂的演讲。他先将美国恭维了一番，赢得了台下的阵阵掌声。随后，他又说到苏联，说苏联已经组成了一个强大的“共产主义铁幕”，如果美国再这样纵容它，恐怕全世界都会选择进入苏联的阵营。

第二年，美国以土耳其、希腊受到共产主义的威胁为借口，出兵镇压共产党游击队，以此震慑苏联。美国的行为，与丘吉尔在演讲中提到的“共产主义铁幕”遥相呼应，拉开了美苏之间持续30年的“冷战”的序幕。

“冷战”开始后，美国积极拉拢欧洲各国，作为它的盟友。然而二战后，英、法等国几乎成了一片废墟。

美国为了帮助它们发展起来，实施了著名的“马歇尔计划”，即提供大量的经济、物质支援。在美国的主导下，美欧各国成立“北约”集团，一致对抗苏联。

在苏联看来，共产主义国家才是自己的朋友！它积极地向周边国家推行共产主义，帮助它们改革，将东欧的波兰、罗马尼亚逐步发展为自己的盟友，并成立“华约”，与“北约”抗衡。

大家还记得一战和二战中各国成立的“组织”吗？一战的时候，所有的参战国家分为两大阵营，“同盟国”与“协约国”；二战的时候，参战国又分为“同盟国”和“轴心国”。

现在，大家又纷纷开始站队，分别加入“北约”和“华约”两大阵营。可见，“冷战”虽然没有硝烟，但的确是一场世界性的战争。

“冷战”的发生，促使美、苏两国在军备上展开了

激烈的竞争。它们争相制造更为先进的航天器、导弹，制造更多的核弹头。

竞争带来科技进步的同时，也为世界安全埋下了巨大的隐患。据说，当时仅苏联的核弹头，就可以炸毁地球几十次！可见当时的军备竞争，已经到了多么疯狂的地步。

随着“冷战”的不断升级，苏联的经济开始捉襟见肘，逐渐在较量中落入下风。而美国，也厌倦了这种无休止的“战争”，力图早点儿结束这种局面。

1989年，美、苏两国宣布“冷战”结束。1991年，苏联宣布解体。

苏联的解体导致了世界格局的再次巨变。

苏联解体后，美国成了世界上唯一的超级大国。美国凭借强大的实力，对其他国家的内政指手画脚，引发了伊拉克、叙利亚等地的地方战争。

但是，不管怎么说，“冷战”的结束还是为全世界人民带来了福音，大家再也不用生活在战争的阴云下了。

第三世界的崛起

冷战时期，亚洲、欧洲、美洲的许多国家纷纷站队，选择站在“北约”或“华约”的阵营中，与对手针锋相对。然而，也有一些经济发展比较落后的国家，既不站在“北约”一方，也不站在“华约”一方，它们用“第三世界”来形容自己。

为什么是“第三世界”，而非“第一世界”，或者“第二世界”呢?

这是因为，在当时的国际观念中，美国、苏联是“第一世界”；日本、欧洲各国、澳大利亚和加拿大虽然不是超级大国，但经济高度发达，属于“第二世界”；亚洲除了日本，非洲除了南非，以及整个拉丁美洲，都属于“第三世界”。

“第三世界”的国家虽然地域辽阔，人口众多，然而大多数都曾是帝国主义国家的殖民地、半殖民地或附属国。它们经济落后，在二战结束后，帝国主义无暇顾及的时候，才纷纷独立出来。

为了摆脱贫穷和大国的影响，亚非拉人民逐渐团结起来，互相帮助，努力发展自己的经济。

1954年，印度尼西亚提出召开一次将西方发达国家排斥在外的亚非会议，这一提议得到绝大多数新独立国家的支持。1955年4月，举世闻名的“万隆会议”在印度尼西亚召开，亚非29个国家、340名代表出席了会议。

万隆会议的召开让西方国家感到震惊，因为在此之前，没有一次世界性会议不是它们组织的。然而，它们不得不承认一个事实，那就是，万隆会议标志着“第三世界”的崛起，在未来，“第三世界”国家将逐步改变世界的格局。

1971年，中华人民共和国恢复联合国合法席位，成为唯一来自“第三世界”的常任理事国，大大加强了“第三世界”国家在联合国的话语权。

今天，亚非拉各国的经济已经得到了很大的发展，政治地位在世界上举足轻重。

讲到这里，世界历史就全部介绍完了。

世界历史源远流长，文明多元，错综复杂。从人类创造文明开始，国家分分合合，文明潮起潮落，文化与艺术在时间的长河中流光溢彩，迸发出绚烂的火花。通过这套书，你对精彩的世界历史有更深的理解了吗?